**Lei de Greve
Comentada**

Lei de Greve Comentada

2015

João Armando Moretto Amarante

LEI DE GREVE COMENTADA
© ALMEDINA, 2015

AUTOR: João Armando Moretto Amarante
DIAGRAMAÇÃO: Edições Almedina, SA
DESIGN DE CAPA: FBA
ISBN: 978-856-31-8291-3

Dados Internacionais de Catalogação na Publicação (CIP)
(Câmara Brasileira do Livro, SP, Brasil)

Amarante, João Armando Moretto
Lei de greve comentada / João Armando Moretto Amarante. -- São Paulo : Almedina, 2014.
Bibliografia
ISBN 978-85-6318-291-3
1. Direito de greve 2. Direito de greve - Brasil 3. Direito do trabalho - Brasil 4. Greves
I.Título.

14-12197   CDU-34:331.89(81)

Índices para catálogo sistemático:
1. Brasil : Direito de greve : Direito do trabalho 34:331.89(81)

Este livro segue as regras do novo Acordo Ortográfico da Língua Portuguesa (1990).

Todos os direitos reservados. Nenhuma parte deste livro, protegido por copyright, pode ser reproduzida, armazenada ou transmitida de alguma forma ou por algum meio, seja eletrônico ou mecânico, inclusive fotocópia, gravação ou qualquer sistema de armazenagem de informações, sem a permissão expressa e por escrito da editora.

Janeiro, 2015

EDITORA: Almedina Brasil
Rua José Maria Lisboa, 860, Conj.131 e 132, Jardim Paulista | 01423-001 São Paulo | Brasil
editora@almedina.com.br
www.almedina.com.br

"Quanto é mais eficaz e poderosa para mover os ânimos dos homens a esperança das coisas próprias, que a memória das alheias?" (Vieira, Antônio. *História do futuro*).

"A esperança é que nos introduz na vida,
Ela é que envolve o menino alegre,
Seu brilho mágico entusiasma o moço
E não é enterrada com o ancião;
Pois quando este encerra cansado a corrida,
Planta ainda a esperança sobre o túmulo."
(Schiller, Friedrich. *A Esperança*).

A presente obra, como qualquer outra que almeje contribuir, ainda que timidamente, para o conhecimento, embora sempre tenha existido em pensamento, não pertence unicamente a seu idealizador. É, antes de tudo, o resultado da inspiração diuturna provida pela família e amigos, sem exceção.

À Ester, pelas horas roubadas de seu convívio e sua compreensão incondicional, por trilhar essa aventura a seu lado.

À Zezé, pelo exemplo diário de perseverança, me fazendo acreditar que cada dia deve ser conquistado, não apenas vivido.

Ao Zeca, pela retidão de caráter e companheirismo inabaláveis.

À Carolina, por existir, permitindo que dividisse uma vida, mesmo antes da própria vida.

À Giovanni Umberto Moretto, por me acompanhar nos momentos tranquilos e tormentosos, me ensinando o caminho do Bom e do Justo, por mostrar que a separação não existe, é apenas incompreendida.

Este livro é dedicado àqueles que lutam e fazem um mundo mais justo e humano.

APRESENTAÇÃO

A obra "Lei de Greve Comentada", de João Armando Moretto Amarante, jovem advogado e promissor estudioso do Direito do Trabalho, aborda uma sistematização completa da lei nestes tempos em que a greve se mostra com nuances inesperadas, menos utilizada pelos trabalhadores e muito criticada pela sociedade pelas consequências que traz ao dia a dia dos cidadãos em relação às atividades consideradas essenciais. Por isso, deve ser recebida com loas não só no meio acadêmico, mas também entre aqueles que vivenciam o embate entre capital e o trabalho, na tarefa de representar os interesses de classe no mundo do trabalho. Revela, a um só tempo, estudo aprofundado e orientador prático.

O autor trata do tema sob a perspectiva histórica, desde sua evolução a partir das guildas, passando pelas corporações de ofício, até chegar ao sindicalismo da era industrial, sem deixar de buscar também na filosofia os contornos de fundo deste fenômeno, qual seja o conflito entre a dominação e a subordinação, tão evidenciados no sistema capitalista.

A obra também é profícua em indicações na esfera do direito comparado e em citações de renomados autores, estabelecendo, assim, as bases de excelência de seu critério de pesquisa. Mostra ter a exata compreensão de que, no capitalismo, a despeito das proteções legislativas, o valor do trabalho é sempre subestimado, razão pela qual a greve se apresenta como instrumento indispensável de pressão com vistas a buscar o equilíbrio da desigual relação de dominação *versus* subordinação.

Incontáveis, também, as reflexões do autor acerca da liberdade sob a ótica do tema tratado, especialmente acerca da intrínseca contradição entre o fenômeno da greve, enquanto fato social, e a necessidade de sua regulação para o efetivo exercício do direito de greve, com especial destaque na importância de que essa regulamentação tenha a premissa maior da garantia formal de sua efetivação.

Sem perder a perspectiva do cientista, a quem incumbe apresentar todos os enfoques do tema de estudo, o autor não deixa de expor seu entendimento ao mencionar, por exemplo, a possibilidade de atribuir competência à Justiça do Trabalho na esfera penal ou ao referir a necessidade de esgotamento da via negocial coletiva para a solução dos conflitos do trabalho, identificando aqui importante instrumento do pluralismo da democracia.

É preciso dizer que este jovem advogado foi, de certa maneira, encaminhado para o Direito do Trabalho por inspiração de seu avô materno, o italiano Giovanni Umberto Moretto – a quem tive a honra de conhecer –, um homem que, a despeito de seu rigor e determinação, por circunstâncias alheias à vontade, jamais conseguiu frequentar uma faculdade, deixando de realizar assim seu grande sonho: graduar-se em Direito e tornar-se advogado. Não obstante, foi um leitor voraz, uma pessoa curiosa por natureza, ávida por dominar as coisas do mundo, à espera de novas descobertas que saltassem das linhas de jornais, livros e revistas. Foi quem nutriu, desde os tempos do colégio, o apreço do João Armando pela leitura, motivado por longas conversas acerca de assuntos os mais variados, a demonstrar conhecimento e discernimento, próprios de alguém que tinha o dom de apreender profundamente os matizes da alma humana e o desejo de descobrir sempre mais.

O autor realizou os estudos fundamentais nos prestigiados estabelecimentos de ensino de São Paulo, Colégio Maria Imaculada e Colégio Bandeirantes. Na Pontifícia Universidade Católica de São Paulo (PUC-SP) frequentou o curso superior de Direito, resultando daí imenso sentimento de gratidão pelos pais, Zezé e Zeca, sabedor de que a oportunidade de bons estudos só pôde realizar-se por meio do sacrifício e da dedicação intransigentes de ambos. Reconhece que o mergulho no Direito do Trabalho não se deu por vocação inicial, mas pela inspiração advinda do exemplo de pessoas próximas, que a esse ramo do direito já se dedicavam. Hoje, confessa-se um apaixonado pelo Direito do Trabalho.

APRESENTAÇÃO

Sua trajetória profissional teve início no escritório "Mendonça & Rocha Barros", em maio de 2005, local que o acolheu e no qual permanece até os dias atuais. Foi indicado pelo sócio e amigo, Dr. Euclydes José Marchi Mendonça, para integrar a Comissão de Novos Advogados do Instituto dos Advogados de São Paulo (CNA/IASP), na qual permaneceu por quase sete anos.

Nesta comissão enfrentou novos desafios, tais como, proferir palestras e escrever artigos. Desses, o mais instigante, e que iria sedimentar seus primeiros passos de escritor, foi a elaboração de artigo sobre Direito do Trabalho que faria parte de uma obra coletiva em comemoração aos vinte anos da Constituição Federal. Por ela, recebeu o Prêmio Jabuti, categoria Direito, obtendo a terceira colocação.

Na mesma época, João Armando ingressou na Associação dos Advogados Trabalhistas de São Paulo, entidade composta por ilustres advogados militantes e combativos. Nos anos seguintes, de 2008 a 2010, foi coordenador da Subcomissão de Direito e Processo do Trabalho da Comissão dos Novos Advogados, tendo sido indicado em 2011, para assumir a Coordenação Geral da Comissão dos Novos Advogados. Aceitou esse novo desafio, levando a termo, entre outras, a tarefa de coordenar nova obra coletiva na área de Direitos Humanos, reunindo artigos dos membros da Comissão, que foi também posteriormente publicada, resultando em mais um sonho realizado. Em seguida, foi indicado para atuar como Assessor Especial da Presidência do IASP, tendo ingressado nos quadros daquela centenária entidade como associado efetivo.

Atualmente, ocupa o cargo de Secretário-Geral da Comissão de Direito Processual do Trabalho da OAB-SP, e desde sua nomeação, reavivou-se nele o desejo de estudar mais profundamente o Direito do Trabalho, sobretudo o Direito Coletivo.

Inspirado, de novo, pelos registros de memória das inquietudes do avô rábula – aqui, no melhor sentido da expressão –, sobre os sindicatos e seu futuro, as greves, os movimentos de trabalhadores, as mudanças no mundo do trabalho, nas quais sempre ressaltava seu inconformismo com as injustiças sociais e sua surpresa com as transformações que a própria sociedade experimentava, deu início a esta obra, dedicando a ela especial empenho de pesquisa, para, por fim, ver mais um de seus sonhos realizados. A obra foi aprovada para publicação junto à Almedina, editora de reputação internacional.

Por tudo isso, estou certa de que João Armando superou os sonhos do velho Moretto, pois, para muito além da Faculdade de Direito, inicia agora com sucesso, a trilha de escritor e doutrinador. Boa leitura!

São Paulo, julho de 2014.

BEATRIZ DE LIMA PEREIRA
Corregedora Regional e Desembargadora Federal do Trabalho do Tribunal Regional do Trabalho da 2ª Região. Foi Presidente da Associação dos Magistrados da Justiça do Trabalho da 2ª Região – AMATRA II, no biênio 1994/1996, Presidente da Associação nacional dos Magistrados do Trabalho – ANAMATRA, no biênio 1997/1999 e Vice-Presidente da Associação dos Magistrados Brasileiros – AMB, no biênio 1999/2001.

PREFÁCIO

É com grande felicidade que recebi o honroso convite de escrever o Prefácio da presente obra, intitulada *"Lei de Greve Comentada"*, escrita pelo ilustre Dr. João Armando Moretto Amarante, advogado de renome, palestrante e autor já consagrado.

O livro examina, de maneira completa e diferenciada, cada um dos aspectos relativos à greve, a qual é reconhecida, na atualidade, como tema da maior relevância na ciência jurídica.

A greve é um fenômeno social, multidisciplinar, de notória importância, tendo exercido papel essencial na formação do movimento sindical, da consciência de classe, das negociações coletivas e do próprio Direito do Trabalho, em suas esferas individual e coletiva. Trata-se, portanto, de inegável conquista histórica dos trabalhadores, atualmente prevista no rol dos direitos humanos e fundamentais.

Inicialmente, o movimento grevista era considerado um delito, objeto de proibição pelo Estado, podendo acarretar até mesmo sanções de natureza criminal. Em sua evolução, a greve se tornou um fato social apenas tolerado, ainda não garantido pelo ordenamento jurídico. Por fim, nos Estados Democráticos, observa-se o expresso reconhecimento da greve como verdadeiro direito, de natureza fundamental, assegurado nos planos constitucional, legal e internacional.

É justamente por meio desse instrumento de pressão, exercido de forma coletiva, que os trabalhadores têm condições de obter melhores condições sociais perante os empregadores.

Sem o direito de greve, a própria negociação coletiva tornar-se-ia débil, não tendo como realizar a sua importante função de efetiva e justa pacificação social, em face da conhecida situação de desigualdade que se observa na origem da relação de emprego. A greve, portanto, como movimento coletivo, tem o papel fundamental de trazer a igualdade substancial para o âmbito das relações trabalhistas, equilibrando as forças originalmente desiguais entre os seus sujeitos.

Apesar da existência de estudos a respeito do tema, não há, na literatura mais recente, uma obra tão minuciosa e atualizada na análise dos seus diferentes aspectos, com destaque à interpretação aprofundada de cada um dos dispositivos da Lei de greve em vigor.

Nesse sentido, por meio de profunda pesquisa doutrinária e jurisprudencial, merece destaque o atento exame feito sobre a evolução histórica da greve, no âmbito internacional e no Brasil, a sua natureza jurídica, o seu conceito, a oportunidade de exercício, os interesses que podem ser defendidos, a titularidade do direito em questão, as condições para o seu exercício, os tipos de greve, a sua ligação com a negociação coletiva, a convenção e o acordo coletivo, o pré-aviso de instauração da greve, a forma de sua deliberação, por meio de assembleia geral, sua convocação e quórum, a forma de representação dos trabalhadores, as garantias asseguradas aos grevistas, o necessário respeito aos direitos e garantias fundamentais de terceiros, os efeitos da greve em face dos contratos individuais de trabalho, a proibição de dispensas durante a greve e suas exceções, o dissídio coletivo de greve, a competência da Justiça do Trabalho para o julgamento das ações decorrentes do exercício desse direito, a manutenção das atividades da empresa durante a greve, os serviços ou atividades essenciais, a prestação dos serviços indispensáveis ao atendimento das necessidades inadiáveis da comunidade, o abuso de direito no exercício da greve, a responsabilidade pelos atos ilícitos praticados durante o movimento grevista, a greve no serviço público, bem como a paralisação das atividades por iniciativa do empregador, com o objetivo de frustrar a negociação ou dificultar o atendimento das reivindicações dos empregados (*lock-out*).

Concluo, assim, com os meus sinceros parabéns ao Dr. João Armando Moretto Amarante, convidando todos os interessados à agradável leitura da presente obra, que certamente já se torna uma referência no estudo da greve e de seus aspectos mais controvertidos.

São Paulo, junho de 2014.

Gustavo Filipe Barbosa Garcia
Livre-Docente pela Faculdade de Direito da Universidade de São Paulo. Doutor em Direito pela Faculdade de Direito da Universidade de São Paulo. Especialista em Direito pela Universidad de Sevilla. Pós-Doutorado em Direito. Professor Universitário em Cursos de Graduação e Pós-Graduação em Direito. Advogado e Consultor Jurídico. Foi Juiz do Trabalho das 2ª, 8ª e 24ª Regiões, Procurador do Trabalho do Ministério Público da União e Auditor Fiscal do Trabalho. Membro Pesquisador do IBDSCJ. Membro da Academia Brasileira de Direito do Trabalho, Titular da Cadeira nº 27.

ABREVIATURAS E SIGLAS USADAS

ADI	Ação Direta de Inconstitucionalidade
art.	artigo
CC	Código Civil
CF	Constituição Federal
CLT	Consolidação das Leis do Trabalho
CNJ	Conselho Nacional de Justiça
Coord.	coordenação
CP	Código Penal
CPC	Código de Processo Civil
CPP	Código de Processo Penal
CTN	Código Tributário Nacional
ed.	edição
FGTS	Fundo de Garantia por Tempo de Serviço
LICC	Lei de Introdução ao Código Civil
MI	Mandado de Injunção
MP	Medida Provisória
MPT	Ministério Público do Trabalho
OIT	Organização Internacional do Trabalho
Org.	organização
p.	página
PGR	Procuradoria-Geral da República
PLR	Participação nos Lucros ou Resultados
RO	Recurso Ordinário
SDC	Secretaria de Dissídios Coletivos
STF	Supremo Tribunal Federal

STJ	Superior Tribunal de Justiça
Trad.	tradução
TRT	Tribunal Regional do Trabalho
TST	Tribunal Superior do Trabalho

Introdução

No dia 28 de junho de 1989, menos de um ano após a promulgação da Constituição da República Federativa do Brasil, que iniciou uma nova era democrática em nosso país, foi editada a Lei nº 7.783, que passou a ser conhecida como Lei de Greve. Hoje, já com vinte e cinco anos completos, a lei ainda suscita intensos debates e divergências.

A greve é um fenômeno que ainda hoje causa interesse, surpresa, simpatia, revolta, apreensão, expectativa; está ligada à própria evolução da história recente da humanidade. Já foi proibida, vista como um delito, penalizada; passou a ser ignorada, ficando à margem dos sistemas jurídicos. Hoje, foi elevada à categoria de direito fundamental dos trabalhadores, e é considerado um dos pilares do Estado Democrático de Direito. Nem por isso está imune às críticas e observações quanto à capacidade de regulação estatal que a legislação pode conferir num mundo globalizado, marcada por intensas, rápidas e dramáticas mudanças.

As situações são inúmeras: o que é exatamente o direito de greve? Qual sua extensão e seus limites? Como e em que medida o direito dos grevistas acaba se confrontando com o direito dos demais cidadãos? O exercício desse direito é destinado a todos os trabalhadores? É permitido em qualquer atividade econômica?

Afinal, como deve ser compreendido o conceito e a natureza jurídica da greve, bem como qual sua real finalidade e quais os direitos que ela visa tutelar. Como identificar quem são seus titulares e qual a oportunidade em que pode ser levado a cabo nesse ponto, existem limitações de ordem formal e material? Como devem agir os trabalhadores e as entidades sindicais nesse período? Quais os parâmetros aplicáveis nas greves em serviços essenciais. E no caso dos servidores públicos, a greve também é um direito? E seus requisitos?

Muitas dúvidas foram erigidas nesses últimos anos, de modo que importantes aspectos ainda continuam na pauta de discussões não apenas da comunidade jurídica, mas da própria sociedade civil. A greve envolve não apenas questões puramente jurídicas, mas sociológicas, econômicas, filosóficas e psicológicas, muitas vezes irradiando efeitos para as mais diversas áreas da vida humana, devendo, pois, ser compreendida a partir de uma visão multidisciplinar e que esteja em consonância com o atual contexto histórico.

O fato é que ninguém, absolutamente ninguém, é indiferente aos efeitos gerados por um movimento grevista e muito menos o Direito do Trabalho tem capacidade para dela tratar de forma definitiva, senão para analisá-la dentro das limitações de qualquer ramo do conhecimento humano.

Já eram proféticas as palavras de Néstor de Buen Lozano[1], para quem "eram bonitos os tempos em que os laboralistas escreviam sobre Direito do Trabalho, tempos que já passaram, pois, agora, mais com audácia que com autoridade, deve-se tratar de áridos temas econômicos, inflação, desemprego, perspectivas de curto, médio e longo prazo".

Ainda há muito que se descobrir sobre a greve, fenômeno tão mutável como a própria complexidade das relações sociais, cujo ponto de partida pode ser apreendido, mas apenas pode-se especular quanto ao ponto de chegada, o que adquire especial relevo numa época em que a legislação aplicável continua a mesma, mas as mudanças no tecido social são inevitáveis.

A presente obra não pretende, de maneira alguma, esgotar a matéria, nem mesmo lançar supostas verdades que não possam admitir contrapontos, menos ainda retaliar ideias opostas, "mas sim, como convém num espírito positivo, para substituir o improvável pelo mais provável, e ocasionalmente um erro por outro"[2].

---

[1] LOZANO, Néstor de Buen. *Razón de estado y justicia social*. México. D.F. 1991. p. XI.
[2] NIETZSCHE. Friedrich Whilhelm. *Genealogia da moral: uma polêmica*. Trad. Paulo César de Souza. São Paulo: Companhia das Letras, 2009. p. 10.

O presente trabalho, portanto, é um convite ao estudo desse palpitante tema, uma semente que se pretende lançar para inspirar a reflexão, o debate e a construção de um pensamento orientado para a consolidação dos direitos fundamentais do Homem.

Permitir que, a partir dessa pequena contribuição, a greve seja debatida, pensada, repensada, mas devidamente inserida no seio da vida diária da comunidade, sempre sob a lente crítica buscando a evolução das instituições democrática, é nosso objetivo primordial. É o desafio que a presente obra propõe.

Uma ótima leitura! O autor.

Lei nº 7.783, de 28 de junho de 1989

Dispõe sobre o exercício do direito de greve, define as atividades essenciais, regula o atendimento das necessidades inadiáveis da comunidade, e dá outras providências.

O PRESIDENTE DA REPÚBLICA, faço saber que o Congresso Nacional decreta e eu sanciono a seguinte Lei:

SUMÁRIO
1. A Greve
2. Antecedentes históricos
3. A greve no Brasil
4. Plano internacional
5. Conflitos de trabalho

COMENTÁRIO

1. A Greve

A palavra greve origina-se do francês "grève", que significa areal, praia. Os operários franceses costumavam se reunir na Praça do Hotel de Ville, em Paris, local no qual eram contratados trabalhadores, mas no qual também ocorriam reuniões quando discordavam das condições de contratação colocando-se, em greve, aguardando pelas melhores ofertas. Além disso, em virtude das enchentes do Rio Sena, a área ficava repleta de detritos. Como no baixo francês a palavra "gravé" significa detritos, entre os quais os "gravetos" trazidos pela água, passou-se a adotar, embora com deturpação fonética, o nome "Pláce de Gravé", que seria consagrado simplesmente como "greve".

Em italiano, utiliza-se a expressão "sciopero". Em espanhol, "huelga". Em alemão, "streik". Em inglês, "strike". No Brasil é comum a utilização da expressão "greve". De forma mais técnica, também é comum a expressão "parede", denominação que tem obtido acolhida pela doutrina e jurisprudência, adaptando-a para a expressão "movimento paredista". Parede, no caso, é uma alusão literal ao ato de colocar-se contra, apoiado ou encostado em uma parede, o que remete, logicamente, a ideia da paralisação dos trabalhos.

2. Antecedentes históricos

É árdua a tarefa de identificar a partir de qual momento da história da humanidade é possível identificar aquilo que poderia ser caracterizado como um verdadeiro movimento grevista.

A doutrina apresenta algumas sugestões. A propósito, Amauri Mascaro Nascimento aponta que "no antigo Egito, no reinado de Ramsés III, no século XII a.c, a história registrou uma greve de 'pernas cruzadas' de trabalhadores que se recusaram a trabalhar porque não receberam o que lhes fora prometido. Em Roma, movimentos de reivindicação agitaram o Baixo Império. Espártaco, no ano 74 a.c, dirigiu conflitos, em que reuniu-se cerca de 100 mil escravos para lutar contra opressão romana"[3].

Entretanto, observa Otávio Augusto Reis de Souza que alguns "buscam na Antiguidade a origem das greves, sendo certo que as revoltas de classe então existentes não podem ser vistas como greve, com o significado que atualmente se empresta. Primeiro, porque ausente a liberdade de trabalho e por vezes sequer reconhecida a qualidade de pessoa ao trabalhador, não há como se cogitar do direito de greve. De todo modo, as revoltas foram frutos do associativismo que toma no Direito Coletivo a singular expressão de consciência de classe"[4].

---

[3] NASCIMENTO, Amauri Mascaro. *Curso de direito do trabalho: história e teoria geral do direito do trabalho: relações individuais e coletivas do trabalho*. 23ª ed. São Paulo: Saraiva: 2008. p. 1211.

[4] SOUZA, Otávio Augusto Reis de. *Direito coletivo do trabalho*. 4ª ed. Curitiba: IESDE, 2011. p. 45.

Para os teóricos marxistas, na definição clássica, a consciência de classe designa o conjunto dos conteúdos de consciência que são determinados pelo pertencer a uma classe social e, portanto, pela posição do indivíduo no sistema econômico[5], e esse é um elemento essencial para a identificação do fenômeno.

No ordenamento jurídico de diversos países, a questão levou muito tempo para ser diretamente abordada. Sob esse ponto de vista, o tratamento que as legislações democráticas destinaram à greve encontra significativas semelhanças e demonstra uma progressiva, porém lenta, mudança na forma como os regimes entendiam e se posicionavam em relação ao fenômeno: inicialmente, foram tratadas como delito; posteriormente passaram a ser toleradas; mais recentemente foram consagradas como direitos. Essa mudança deve ser necessariamente analisada à luz da evolução das próprias relações trabalhistas, especialmente no Continente Europeu.

Nesse caminhar histórico foi importante o processo no qual se passou a identificar, de forma geral, o surgimento de agrupamentos organizados de trabalhadores que tinham interesses comuns. São conhecidas as guildas e as corporações de ofício[6], surgidas desde a Idade Média, a partir do século XII, ou seja, grupos que reuniam indivíduos dedicados à mesma profissão, submetidos a uma disciplina coletiva e hierárquica bem definida (mestres, oficiais, aprendizes) e que fabricavam e comercializavam os produtos consumidos nas cidades. A agregação em torno de interesses comuns (elemento essencial para a própria noção de associação sindical), ainda que estritamente profissionais, já dava seus primeiros passos.

Entretanto, os acontecimentos históricos determinantes para que se pudesse começar a identificar, ainda que em caráter embrionário, o

---

[5] DUROZOI, Gérard; ROUSSEL, André. *Dicionário de filosofia*. Trad. Marina Appenzeller. 5ª ed. Campinas: Papirus, 2005. p. 104.

[6] A propósito dessas antigas entidades, que foram a gênese das futuras associações de trabalhadores e dos próprios sindicatos, importa notar que "estavam baseadas na ideia de representação de interesses profissionais, por natureza coletivos, e foram por isso destruídas na Revolução Francesa, embora desde a revolução industrial seu quadro já estivesse em franca involução. A reunião profissional, portanto, era antagônica ao liberalismo econômico, desde que significava o fechamento do mercado e o possível aumento de preços dos produtos" (JEVEAUX, Geovany; CRUZ, Marcos Pinto da; AREOSA, Ricardo. *Manual do direito individual do trabalho*. Rio de Janeiro: Forense, 2002. p. 475).

aparecimento das greves, sem dúvida, foram os seguintes: a Revolução Francesa, em 1789, considerada uma das datas fundamentais da história da humanidade, uma "verdadeira assinatura política para os fatos econômicos e psicológicos que haviam se acumulado durante os séculos que a precederam"[7] e a Revolução Industrial, especialmente na Inglaterra, de 1760 a 1850.

De modo que, em relação à identificação de um marco histórico, pode-se dizer que a primeira propiciou o elemento filosófico; a segunda o elemento material[8].

Na França, a Lei "Le Chapellier", de 17 de junho de 1791, surgida no Império de Napoleão Bonaparte, causou uma ruptura significativa e radical nesse contexto, pois passou a proibir qualquer espécie de agrupamento de caráter coletivo, especialmente de trabalhadores, incluindo-se nessa proibição as atividades das próprias corporações de ofício. As medidas tomadas durante o regime foram caracterizadas especialmente pela tentativa estatal em rechaçar, de todas as formas, toda e qualquer possibilidade de agitação social, o que acabou culminando em sua criminalização. O Código Civil francês (o conhecido Código Napoleônico), de 1804 e o Código Penal, de 1810, tipificou a greve como um crime que sujeitava os agentes à pena de prisão e multa.

O mesmo ocorria na Inglaterra, que instituiu uma série de medidas repressivas adotadas por Willian Pitt, e consubstanciadas no conhecido "Combination Act", em 1799 e 1800, que tornou ilegal a coalizão de trabalhadores que, devido aos altos índices inflacionários, tentavam obter aumentos em seus ganhos, entendendo tais coalizões como crime de conspiração contra a Coroa Real. Sob uma pretensa aparência de paz social, o regime encobria uma profunda crise social que, posteriormente, não poderia mais ser ignorada. Aliás, o Código Napoleônico, já em 1801, também considerou a coalizão e a greve com delitos. A ideia era coerente, já que a medida mais eficaz, ao menos em tese, para combater determinado fenômeno social, é criminalizá-lo, submetendo-o ao aparelho repressivo estatal.

---

[7] DURANT, Will. *As ideias e mentes mais brilhantes de todos os tempos*. Trad. Cordelia Magalhães, São Paulo: Arx, 2004. P. 152.
[8] DUARTE NETO, Bento Herculano. *Direito de greve: aspectos genéricos e legislação brasileira*. São Paulo: LTr, 1993. P. 25-26.

Assim, identifica-se uma clara tendência, em tais regimes, de caráter autoritário, que visavam impedir a efetiva organização dos trabalhadores, o que se justificava, dentro daquela concepção totalitária estatal, como medida necessária para que não houvesse competição das entidades de caráter privado com a interferência estatal nas instituições políticas e sociais.

Importante perceber que diversas reações ocorreram nessa época, muito embora de forma clandestina, organizadas especialmente por membros de fraternidades chamados "compagnonnages" (companheirismo), o que levou as inevitáveis repressões, especialmente na França e na Inglaterra.

Nessa época, a propósito da lógica que a acumulação do capital por uma minoria, e a exploração de uma maioria impunha no séc. XIX destaca Leo Huberman[9] que os detentores do capital "achavam que podiam fazer o que bem entendessem com as coisas que lhes pertenciam. Não distinguiam entre suas 'mãos' e as máquinas. Não era bem assim – como as máquinas representavam um investimento, e os homens não, preocupavam-se mais com o bem-estar das primeiras. Pagavam os menores salários possíveis. Buscavam o máximo de força de trabalho pelo mínimo necessário para pagá-las. Como mulheres e crianças podiam cuidar das máquinas e receber menos que os homens, deram-lhes trabalho, enquanto o homem ficava em casa, frequentemente sem ocupação. A princípio, os donos de fábricas comprovam o trabalho das crianças pobres, nos orfanatos; mais tarde, como os salários do pai operário e da mãe operária não eram suficientes para manter a família, também as crianças que tinham casa foram obrigadas a trabalhar nas fábricas e minas. Os horrores do industrialismo se revelam melhor pelos registros do trabalho infantil naquela época". Essa era a cruel lógica que até então vigorava.

A situação calamitosa de trabalho em que os operários e suas famílias se encontravam também chamou a atenção da sociedade e, sobretudo, de intelectuais da época, sendo conhecidas as denúncias traduzidas em emblemáticos momentos da literatura mundial, como nas conhecidas obras "Os trabalhadores do mar" e "Os miseráveis", de Victor Hugo; "Oli-

---

[9] HUBERMAN, Leo. *História da riqueza do homem*. Trad. Waltensir Dutra. 8ª ed. Rio de Janeiro: Zahar, 1972. p. 190.

ver Twist", de Charles Dickens; "Germinal", de Émile Zola, "A comédia humana" de Honoré de Balzac, entre outros.

A greve, em seu início, foi posta à margem da lei, já que era considerada uma insurreição, reprovada pelas autoridades, que viam em seu exercício um ataque concertado contra a propriedade privada, que resultava em uma redução de ganhos dos patrões e do próprio Estado, impedido de exportar bens industrializados em função da inatividade laboral[10].

É importante notar que, nesse contexto, começou a ganhar muita força o pensamento socialista, em oposição ao capitalismo cujos efeitos nefastos já eram experimentados diariamente pelos trabalhadores, sendo que a crescente influência do socialismo foi um dos grandes fatores que levou à retirada da natureza criminal das greves, o que veio a ocorrer, em 1825, na Inglaterra, e em 1864, na França – no Velho Continente, inclusive, coincidindo com o ano da criação da Primeira Associação Internacional de Trabalhadores.

Uma vez que os capitalistas passaram a enxergar que a insatisfação popular poderia levar à contestação direta, e muitas vezes, violenta, do próprio regime[11], iniciou-se aquilo que se conhece como *socialização do trabalho*, a partir da qual o Estado passou a ser sensível às reivindicações dos trabalhadores, de modo a mitigar as desigualdades sociais, o que resultou no aparecimento da socialdemocracia para se contrapor ao pensamento socialista da época.

A própria Igreja, nessa época, embora se posicionando diferentemente do pensamento socialista, já que não era contrária à propriedade

---

[10] PALACIOS, Juan Alberto; MARENGO, Jesús R. *Reglamentación del derecho del huelga: antecedentes y comentarios*. Buenos Aires: Valetta, 1991. p. 14.

[11] No campo da literatura, a obra "O Manifesto Comunista" (*Das Kommunistische Manifest*), de Karl Marx e Friedrich Engels, que influenciou de forma determinante o pensamento político do século XIX foi publicada pela primeira vez, em Fevereiro de 1848. Anos antes, em 1840, foi a vez da obra "O que é a propriedade? Pesquisa sobre o princípio do Direito e do Governo", daquele que é considerado o "pai" do anarquismo e do mutualismo anarquista, o filósofo francês Pierre-Joseph Proudhon. Isso sem contar que, em 1848, Mikhail Bakunin, também um expoente do anarquismo, publicou seu "Apelo aos eslavos", em que propunha a reunião daquela etnia para se rebelar contra os maiores regimes autocráticos daquele tempo, ou seja, o Império Russo, o Império Austro-Húngaro e o Reino da Prússia. Nessa época, por exemplo, eclodiram as chamadas "Revoluções de 1848", também conhecidas como "Primaveras dos povos", um conjunto de insurreições na Europa Central e Oriental, que atingiram países como a França, Alemanha, Polônia, Itália, Império Austro-Húngaro.

privada, foi profundamente sensibilizada pelas questões sociais que se passavam a discutir no âmbito da relação entre os capitalistas e os trabalhadores. Assim, em 1891, o papa Leão XIII publicou a Encíclica "Rerum Novarum" ("Das Coisas Novas"), na prática uma carta aberta a todos os bispos sobre as condições de vida e de trabalho dos operários, afirmando, por exemplo: "Quanto aos ricos e aos patrões, não devem tratar o operário como escravo, mas respeitar nele a dignidade do homem, realçada ainda pela do Cristão. O trabalho do corpo, pelo testemunho comum da razão e da filosofia cristã, longe de ser um objeto de vergonha, honra o homem, porque lhe fornece um nobre meio de sustentar a sua vida. O que é vergonhoso e desumano é usar dos homens como de vis instrumentos de lucro, e não os estimar senão na proporção do vigor dos seus braços".

Uma lei inglesa, de 1871, conhecida como "Trade Union Act", legalizou os sindicatos e é considerada uma dos pilares fundantes do Direito do Trabalho no Reino Unido. A infeliz Lei "Le Chapellier", na França, foi finalmente revogada, em 1884, pela Lei "Waldeck-Rousseau", permitindo que os sindicatos pudessem se constituir livremente, sem a chancela sufocante do Estado. Assim, no final do século XIX, já se podia identificar uma mudança de paradigma, o que culminou com o aparecimento de instrumentos constitucionais verdadeiramente democráticos e que vieram a gerar marcas significativas nas constituições dos anos posteriores.

A primeira Constituição que inseriu a greve como um direito social dos trabalhadores foi a Constituição do México, de 1917[12], sendo posteriormente seguida pela Constituição de Weimar, em 1919. Na Itália, em grande medida pela retirada do poder de Benito Mussolini e subjugada

---

[12] A Constituição de México foi tão importante para o mundo do trabalho, e sua influência foi de tal monta que, sobre ela, valem as palavras de Jacob Gorender, para quem se tratou da norma constitucional "mais avançada até então alcançada no regime capitalista. Sob efeito da Revolução de 1910, a Carta Constitucional impôs a divisão dos latifúndios e o fomento da pequena propriedade agrícola. Não só generalizou e fez progredir os direitos civis e políticos, como realizou minuciosa relação dos direitos trabalhistas, especificamente o da jornada de trabalho de oito horas, direito de greve, repouso semanal remunerado, salário mínimo, pagamento de adicional de horas extras, normas de proteção ao menor e à mulher e várias outras. Diversos desses direitos já estavam registrados nas legislações de outros países, mas a Constituição mexicana, pela primeira vez, elevou-os à condição de imperativos de uma lei magna" (GORENDER, Jacob. *Direitos humanos: o que são (ou o que devem ser)*. São Paulo: Senac, 2004. p. 18-19).

com as demais forças que compunham o chamado Eixo (também integrado por Japão e Alemanha) durante a Segunda Guerra Mundial, já em 1947 passou-se a reconhecer a greve como um direito.

Uma tendência mundial é apontada por Amauri Mascaro Nascimento[13]: com o declínio das ditaduras fascistas, e à medida que se dava uma transição dos governos totalitários de esquerda para regimes democráticos, passou-se a assegurar o direito de greve, seja nas Constituições dos Estados, ou mesmo no plano internacional, por meio das declarações de direitos.

É bom que se lembre: o mundo acabava de sair de uma desastrosa Guerra Mundial que acabou descortinando noções de desrespeito aos direitos humanos a níveis raramente vistos; assim, justificava-se que as legislações dos Estados buscassem não apenas resgatar aquelas noções básicas de respeito aos direitos inerentes à humanidade (e que pareciam perdidas), mas, sobretudo que fossem criados meios eficazes de assegurar a preservação da própria humanidade, o que levou à positivação do direito à greve nos países democráticos[14]. Uma vez positivada, abriu-se o caminho para sua regulamentação legal.

---

[13] NASCIMENTO, Amauri Mascaro. *Compêndio de direito sindical*. 2ª ed. São Paulo: LTr, 2000. p. 369.

[14] A evolução dos direitos humanos está ligada à própria evolução da civilização. A expressão direitos humanos pode ser considerada mais ampla, sendo a expressão "direitos fundamentais" utilizada para se referir àqueles direitos que foram positivados pelo ordenamento jurídico dos Estados, quase sempre como consequência das lutas sociais, muitas vezes sangrentas e traumáticas. Seu marco histórico reside na Declaração dos Direitos do Homem e do Cidadão, aprovada pela Assembleia Nacional Francesa, em 1789, marcadamente influenciada pelo pensamento burguês, trazido no bojo da Revolução Francesa, com seus conhecidos ideais de liberdade, igualdade e fraternidade. Seu caráter fundamental foi a universalidade, pois não era direcionada apenas a determinada classe social, mas à humanidade, como um todo. Assim, os direitos humanos de primeira geração correspondem àquelas liberdades elementares do homem perante o Estado, ou seja, são entendidas como uma espécie de contenção à atuação dos governos contra os cidadãos (revelam, assim, um caráter de abstenção estatal). São os direitos básicos do homem, geralmente localizados no topo das constituições estatais, tais como o direito à vida, liberdade, pensamento, propriedade privada. Os direitos humanos de segunda geração surgem após o advento da Revolução Industrial, período em que a liberdade exacerbada e a fixação pela autonomia individual tal como trazidas com os ideais burgueses acabou mostrando um lado opressivo que até então não havia sido bem compreendido: o capitalismo e as inevitáveis disputas entre o capital e o trabalho. Isso porque, muito embora os trabalhadores tivessem asseguradas suas liberdades, ao menos do ponto de vista formal, o

regime capitalista acabava culminando um uma brutal exploração da força de trabalho dessa classe, especialmente quanto às abusivas jornadas de trabalho e paupérrimas remunerações a que eram submetidos. Essa situação era coerente com o processo histórico que se vivia, pois a ausência de regulamentação das questões trabalhistas estava plenamente de acordo com o pensamento da época, o qual repelia a interferência estatal nas relações privadas; em outras palavras, as relações entre patrões e empregados nem mesmo eram conduzidas por um verdadeiro contrato de trabalho, mas num livre contrato firmado entre "iguais". Portanto, não bastava mais que se assegurassem aquelas liberdades trazidas pela primeira geração de direitos humanos; o que se passou a reivindicar, motivado especialmente pela gradual tomada dessa nova classe social, foi uma proteção jurídica mínima que assegurasse uma existência digna a essa massa operária explorada É nesse período que passa a surgir o pensamento socialista, alguns de cunho reformista, outros de cunho revolucionário, mas todos com o mesmo pano de fundo: a crítica ferrenha às desigualdades sociais. É também nesse contexto histórico, inclusive, que a greve passa a adquirir suas feições propriamente ditas. Passou-se a reivindicar melhores condições de trabalho, serviços públicos de saúde e educação, e a própria interferência estatal nas relações privadas, para assegurar efetivamente a igualdade entre as partes, em detrimento da desigualdade econômica (revelam, assim, um caráter de atuação estatal positiva). Foi com a segunda geração de direitos humanos que os Estados passaram a garantir, em linhas gerais, tanto direitos trabalhistas individuais (remuneração mínima, jornada máxima de trabalho, férias, segurança no trabalho) como os direitos trabalhistas coletivos (sindicalização, exercício do direito de greve, negociação coletiva). Dentre os principais instrumentos internacionais, encontram-se a encíclica papal "Rerum Novarum", de 1891, a Constituição Mexicana de 1917, a Constituição de Weimar de 1919, e a Declaração dos Direitos do Povo Trabalhador e Explorado de 1918, esta última aprovada pela Assembleia Constituinte do governo soviético, na mais importante transição do regime capitalista para o socialista até então. Os direitos humanos de terceira geração não guardam relação direta com nenhum momento historicamente definido como ocorre com os direitos de primeira e segunda dimensão, embora possam ser identificados, a partir da segunda metade do século XX, em função das novas realidades políticas, dos desequilíbrios ecológicos, pelo avanço das novas tecnologias, surgimento das grandes corporações, circulação dos capitais, expansão dos mercados etc. Na realidade, consistem em demandas sociais que objetivam a proteção aos direitos difusos ou coletivos que atingem tanto o indivíduo quanto a coletividade e são decorrentes das novas exigências sociais quanto à preservação do meio ambiente, do patrimônio histórico e cultural, autodeterminação dos povos, políticas públicas inclusivas e de promoção dos direitos das minorias, direitos políticos, informação, privacidade. O documento mais significativo dessa nova geração de direitos é a Declaração Universal dos Direitos do Homem, promulgada pela Assembleia Geral das Organizações das Nações Unidas, em Paris, em 1948. São marcados por sua titularidade coletiva, ou seja, por sua transindividualidade, também apresentando um caráter realmente universal, exigindo, para sua efetividade, a atuação concertada de vários Estados.

3. A greve no Brasil

No Brasil, a greve também passou por transições, muito embora não tenha seguido, como em outros países, essa evolução gradual, inicialmente entendida como delito, depois uma liberdade e, finalmente, um direito. Aliás, durante muito tempo, silenciou-se, tanto que a Constituição de 1824 não abordava o tema, como se ele sequer existisse.

Nesse passo, tanto a Constituição da República, de 1891, quanto a Constituição de 1934, também se omitiram sobre o assunto que, durante mais de três décadas foi esquecido. Era tratado apenas como um fato social, ao qual o ordenamento não conferia nenhuma importância, ou seja, não era nem mesmo considerado um fato jurídico.

Isso se deve mesmo ao processo histórico de evolução das relações de trabalho em nosso país, pois não houve uma correspondência histórica entre os movimentos grevistas e a organização dos trabalhadores, tal como ocorrera, sobretudo na Europa; lembre-se que a sociedade brasileira até o advento da Lei Áurea, em 13 de maio de 1888, era essencialmente escravocrata e sequer se poderia falar em um verdadeiro conflito entre capital e trabalho no seio das bases sociais.

Entretanto, mesmo nesse período, alguns identificam a ocorrência de movimentos assemelhados em nosso território, tais como a greve dos portuários, em Salvador, em 1720, ocorrida no "Porto do Brasil"; a greve dos fundidores de ouro, em Minas Gerais; a greve dos alfaiates, na Bahia, em 1782; a greve dos operários da "Casa das Armas", no Rio de Janeiro, em 1791; greve dos tipógrafos, também no Rio de Janeiro, em 1858[15].

Ocorre que, mesmo sem expressa menção nas duas primeiras Constituições brasileiras, o Código Penal de 1890 (Decreto nº 847) considerava a greve um delito (art. 206), mesmo que tivesse caráter pacífico. Porém, por meio do Decreto nº 1.162 daquele mesmo ano, passou-se a considerar como passível de punição apenas a violência em seu exercício, ou seja, caso se desse mediante ameaças e outros meios violentos – é inegável que houve uma evolução nesse sentido, de modo que a greve propriamente dita, não mais passava a ser um delito.

A partir de 1900, em decorrência do estímulo à imigração levada a cabo pelos barões do café, sobretudo no Sudeste do Brasil, haja vista a

---

[15] DANNEMANN, Fernando Kitzinger. *1917: greves operárias*. São Paulo. 2013. Disponível em: <http://www.efecade.com.br/1917-greves-operarias>. Acesso em: 23 jan. 2014.

decadência da mão de obra baseada na exploração dos escravos, registra-se o surgimento das primeiras indústrias em nosso país, e já se identifica uma ascendente classe operária especialmente composta por imigrantes europeus – e influenciada pelas ideias trazidas por imigrantes, em sua grande maioria, italianos, portugueses e espanhóis.

Esse período, início do século XX, é marcado pela fundação de diversos sindicatos e pela eclosão de diversas manifestações grevistas, principalmente em São Paulo e Rio de Janeiro, tais como as chamadas "greves operárias", de 1917, que demonstravam a capacidade de organização e articulação da classe operária que já se consolidava. É bom lembrar que, nesse mesmo ano, a Europa estava em franca ebulição, tendo sido deflagrada a conhecida Revolução Russa, que derrubou o governo absolutista do Czar Nicolau II e cujos ideais serviram de combustível para as mais diversas insurreições, agitações, revoltas e movimentos ao redor do mundo.

As grandes greves a partir de 1917-1919 foram o resultado da organização e mobilização dos trabalhadores, mas também foram amparadas pela participação de muitos anarquistas[16], sindicalistas, líderes sindicais e militantes; muitos dos quais haviam adquirido experiência na Itália. O movimento de 1917 começou com multidões que saíam às ruas para reivindicar e protestar, motivados principalmente pelo aumento do custo de vida, as condições de trabalho das mulheres e crianças, e diversas outras questões relacionadas às condições de trabalho como um todo, de modo que as reivindicações envolviam, principalmente, jornada de oito horas diárias, abolição do trabalho infantil, descanso semanal, segurança

---

[16] Aliás, a greve, desde sua gênese, sempre foi encarada como um instrumento de transformação e demonstração de insatisfação dos trabalhadores e, no caso dos anarquistas, era vista não como um fenômeno que deveria estar circunscrito ao direito, mas como um instrumento revolucionário, de espírito de ruptura com a ordem política vigente. Nesse sentido "A greve, enquanto ato de protesto, era comparada à entrada em cena, numa manifestação pública, do operário consciente que 'rompia os grilhões da opressão' para reivindicar seus direitos. Essa atitude, porém, revestia-se de denso caráter simbólico, irredutível à simples contabilidade dos ganhos e perdas dos trabalhadores. Apontada como instrumento para a transformação revolucionária, a greve era vista como uma 'semente da sociedade futura', expressão de rebeldia do oprimido que carregava a potencialidade para a quebra radical das estruturas da sociedade. A violência era, nessa circunstância, um fator subjacente que, como ameaça, permeava todo conflito, mas era contornada, procurando-se concentrá-la no momento da destruição revolucionária" (AZEVEDO, Raquel de. *A resistência anarquista: uma questão de identidade (1927-1937)*. São Paulo: Arquivo do Estado. Imprensa Oficial, 2002. p. 310).

no trabalho, pontualidade no pagamento dos salários, aumento na remuneração, diminuição dos preços dos aluguéis e dos produtos de consumo, soltura de colegas que estavam presos, readmissão de trabalhadores demitidos, o que exigia uma atuação positiva dos empregadores e do próprio Estado[17].

Todavia, no Brasil, após a Revolução de 1930, o Decreto-lei nº 21.296//32, continuou a tratar a greve como uma expressão ilícita, sendo que passou a prever até mesmo a expulsão dos estrangeiros do país que delas participassem.

Menos rígido, no entanto, foi o posterior Decreto nº 21.396/32, que instituiu as antigas Comissões Mistas de Conciliação e que estabelecia a possibilidade de suspensão sumária ou a dispensa das empresas ou estabelecimentos dos empregados que abandonassem o trabalho sem que antes tivesse havido qualquer entendimento prévio com os empregadores, por intermédio da Comissão de Conciliação (art. 17). Também se previa punição aos sindicatos que infringissem os dispositivos daquele Decreto, o que poderia lhes acarretar penas de multa e até mesmo a cassação de suas cartas de sindicalização (art. 18). A interferência estatal nos sindicatos era evidente.

Mas o pior estava ainda por vir: a Lei nº 38/35, conhecida como "Lei de Segurança Nacional" em pleno governo ditatorial de Getúlio Vargas, que tratava da segurança nacional, considerava a greve um delito, tipificando como tal o fato de "instigar ou preparar a paralisação de serviços públicos ou de abastecimento da população", além de "induzir empregadores ou empregados à cessação ou suspensão do trabalho por motivos estranhos às condições do mesmo" (art. 18). O mais curioso é que, ainda que implicitamente, sem prejuízo da truculência da norma, se reconhecia a legitimidade da greve. Desde essa época, portanto, a má técnica legislativa já acabava criando situações paradoxais e que possibilitavam interpretações díspares sobre o mesmo assunto.

A primeira referência constitucional ao fenômeno é encontrada na Constituição de 1937, de evidente inspiração corporativista, que conside-

---

[17] TOLEDO, Edilene; BIONDI, Luigi. "Constructing syndicalism and anarchism globally: the transnational making of the syndicalist movement in São Paulo, Brasil, 1895-1935". In: HIRSCH, Steven; WALT, Lucien, Van Der (Editors). *Anarchism and syndicalism in the colonial and postcolonial world, 1870-1940: the práxis os national liberation, internationalism, and social revolution.* Leiden: Brill, 2010. p. 387-388.

rava a greve e o "lock-out" como práticas antissociais e nocivas ao capital e ao trabalho e incompatíveis com os interesses da produção nacional[18].

O Decreto-lei nº 431/38, considerou crime "induzir empregadores ou empregados à cessação ou suspensão do trabalho", condutas que, caso praticadas, poderiam acarretar pena de um a três anos de prisão.

O Decreto-lei nº 1.237/39, que instituiu a Justiça do Trabalho, estabeleceu a possibilidade de aplicação de penalidades aos empregadores que, individual ou coletivamente, suspendessem o trabalho dos seus estabelecimentos, sem prévia autorização do tribunal competente, ou que violassem ou se recusassem cumprir decisão de Tribunal do Trabalho, proferida em dissídio coletivo.

O Código Penal, editado em 1940, considerou crime a paralisação do trabalho seguida de violência ou perturbação da ordem ou que implicasse em interrupção de obra pública ou serviço de interesse coletivo, inserindo tais condutas entre os crimes contra a organização do trabalho (art. 200 e 201).

A Consolidação das Leis do Trabalho, surgida em 1943, em sua redação original, previa que os empregados que, coletivamente e sem prévia autorização do Tribunal do Trabalho, ou que deixassem de obedecer a eventual decisão proferida em dissídio estariam sujeitos à suspensão do emprego ou dispensa, bem como perda do cargo de representante profissional daqueles que estivessem em desempenho de mandato sindical, além de suspensão pelo prazo de dois a cinco anos do direito de serem eleitos para cargo de representação sindical (art. 723). Também previa graves sanções ao sindicato que determinasse a suspensão do serviço,

---

[18] Sobre a Constituição de 1937, fadada ao insucesso, já que impunha o modelo fascista copiado da Itália, de Mussolini, assim se refere Pontes de Miranda, citado por João Régis Fassbender Teixeira: "a atitude se coadunava com a dos períodos pré-constitucionais, isto é, aquele em que o governo é mais próximo das estruturas fascistas do que das estruturas democráticas, teria de chocar-se de certo modo, com a liberdade de opinião e os movimentos democráticos, que o esboçado pluripartidarismo suscitasse. Mas verdade é que prevíramos a que estruturação levaria a Constituição de 1937, com as suas doses díspares de pluripartidarismo, de unipartidarismo fascista e de poder pessoal tipo latino-americano. Greve e *lock-out* são movimentos de fato, contra os quais as medidas policiais tem sempre falhado. A vedação deles exige, portanto, técnica adequada, que lhes combatam ao mesmo tempo as causas e os efeitos. A simples proibição não bastaria. Seja como for, o legislador constituinte tivera, aí, a coragem de tomar atitude, o que foi bem rara nos princípios que formulou" (TEIXEIRA, João Régis Fassbender. *Direito do trabalho*. São Paulo: Sugestões Literárias, 1968. p. 538).

com a aplicação de multa e a possibilidade de cancelamento do registro ou perda do cargo, na hipótese de ato determinado exclusivamente por administradores do sindicato (art. 724). A interferência continuava.

A grande virada veio após a Segunda Guerra Mundial, sendo que o contexto dessa época, que acabou modificando profundamente o espírito do Estado Novo, é assim ilustrado por Mozart Victor Russomano[19]: "Em breve se compreendeu que os regimes fascistas chegavam ao fim. A partir de 1944, ninguém mais duvidava da vitória das democracias. O Governo do Brasil – sofrendo violações em seu território – antes que estivesse decidida a sorte das armas, formou fileira ao lado das nações democráticas, inclusive participando do cenário das operações de guerra. Não era possível, pois, no plano internacional, exigir-se do povo tremendos sacrifícios, enquanto, no plano interno, o Governo instituído conservava linhas fascistas e exercia o poder discricionariamente. As estruturas ditatoriais brasileiras, espontaneamente, abrandaram-se de modo notável, não apenas pela sensibilidade do Presidente Vargas ante as questões internacionais, como pela crescente reivindicação das massas populares e operárias, nas quais residia a base principal do seu notório prestígio. Vimos, por isso, o Brasil, internamente uma ditadura, participar de reuniões com as potências democráticas e, inclusive, assumir compromissos internacionais de conteúdo limpidamente liberal".

Assim, veio a lume o Decreto-lei nº 9.070/46, que surgiu em decorrência da assinatura, pelo Brasil, da "Ata de Chapultec"[20], logo após o final da Segunda Guerra. Na prática, tratou-se da primeira tentativa de estabelecer uma lei destinada a disciplinar a greve, ainda que de forma tímida e marcada pelos os traços autoritários do regime militar em nosso país, na época entregue à Eurico Gaspar Dutra. De modo que se passou a permitir a greve contanto que fosse deflagrada apenas em atividades acessórias, vedando-a nas atividades fundamentais que a própria norma enunciava.

---

[19] RUSSOMANO, Mozart Victor. *Curso de direito do trabalho*. Rio de Janeiro: José Konfino, 1972. p. 546.

[20] A "Declaração dos Princípios da América" estabelece que "As nações americanas reiteram a necessidade de ratificar os princípios consagrados nas diversas Conferências Internacionais do Trabalho e expressam seu desejo de que essas normas de Direito Social, inspiradas em elevadas razões de Humanidade e Justiça, sejam incorporadas às legislações de todas as Nações do Continente".

A Constituição de 1946 passou a prever, expressamente, o direito de greve, o qual deveria ser regulamentado por lei (art. 158). Nessa época, embora tenha surgido uma nova Constituição, o Supremo Tribunal Federal entendeu que não houve revogação do Decreto-lei nº 9.070, que fora editado naquele mesmo ano. Veio, então, a Lei 4.330/64, que pretendeu regulamentar o direito de greve, mas que, na prática, continha tantas exigências e restrições que, conforme se dizia na época, não deveria ser chamada de Lei do Direito de Greve, mas "Lei do Delito de Greve".

Finalmente, com a Constituição de 1967 garantiu-se o direito de greve aos trabalhadores, proibindo-a nos serviços públicos e nas atividades essenciais, as quais seriam definidas em lei (§7º, do art. 157).

A Emenda Constitucional nº 01/69 (art. 162 e 165, XXI), também manteve a proibição que já constava da Constituição de 1967, sendo que, logo após, a Lei nº 6.185/74, proibiu o direito de sindicalização e de greve aos empregados celetistas do setor público. Por sua vez, o Decreto-lei nº 1.632/78 8, proibiu a greve nos serviços públicos, nas atividades essenciais e de interesse nacional.

A Lei 6.620/78, conhecida como uma nova "Lei de Segurança Nacional", passou a incluir entre os crimes contra a segurança nacional a paralisação ou diminuição do ritmo normal de serviço público ou atividade essencial definida em lei, com o fim de coagir quaisquer dos Poderes da República (art. 35) e a incitação à paralisação dos serviços públicos ou atividades essenciais.

Na primeira metade daquele ano, porém, teve início uma onda de movimentos grevistas que, segundo Guilherme Gibran Pogibin[21], "marcaria a retomada do movimento sindical, com toda a sua força, depois da intervenção do governo militar nos Sindicatos, em 1964, após o golpe", sendo que inevitavelmente, observa o autor, "a greve espalhou-se pelas indústrias metalúrgicas de São Bernardo, e aos poucos a 'onda' grevista chegou a outras cidades do ABC, bem como a São Paulo, a Osasco e outras cidades do Estado. Cada conjunto de trabalhadores em cada fábrica tinha sua própria forma de fazer greve: parciais e/ou setoriais, como na Volkswagen; totais e prolongadas, como na Ford; e paralisações relâmpagos, como na Gemmer e na Cima. Era uma eclosão de um movimento que

---

[21] POGIBIN, Guilherme Gibran. *Memórias de metalúrgicos grevistas do ABC paulista*. (Dissertação de mestrado). São Paulo: Instituto de Psicologia da Universidade de São Paulo, 2009. p. 18.

englobou cerca de 150 mil trabalhadores do ramo metalúrgico e apesar, de atingir uma imensa proporção deste operariado, foi uma greve por fábricas. Afinal, era um recomeço, não surgiu 'do nada', pois como vimos, a resistência operária se deu de diversas formas, inclusive por meio de tímidas movimentações grevistas durante a década de 1970. Porém foi neste momento, de forma espontânea e sem previsibilidade da proporção que o movimento atingiria, que se deu o ressurgimento de movimentos de trabalhadores fora da sombra do regime militar".

A Constituição Federal de 1988 elevou o direito de greve à categoria dos direitos fundamentais, de índole social ("caput", do art. 9º), do Título "Dos Direitos e Garantias Fundamentais", estabelecendo que caberia aos trabalhadores decidir sobre a oportunidade de exercê-lo e sobre os interesses que por meio dela seriam defendidos. Da mesma forma determinou que a lei que deveria definir os serviços ou atividades essenciais e dispor sobre o atendimento das necessidades inadiáveis da comunidade, bem com que os abusos cometidos sujeitariam os responsáveis às penas legalmente estabelecidas.

A nova Constituição, ao contrário da tradição autoritária das disposições anteriores, passou a admitir a greve nas atividades essenciais e também estendeu o direito de greve aos funcionários públicos condicionando seu exercício nos termos e limites definidos em lei específica (art. 37, VII). A redação original previa a necessidade de lei complementar, exigência que foi flexibilizada pela Emenda Constitucional nº 19/88, que alterou a redação final do artigo passando-se a exigir apenas lei específica, tornando a ulterior regulamentação mais fácil do ponto de vista do processo legislativo.

Importante observar que o direito foi assegurado aos empregados de empresas privadas, de sociedades de economia mista e de empresas públicas. Em relação aos dois últimos, é a interpretação que se extrai do inciso II, do §1º do artigo 173 da Constituição, segundo o qual a lei estabelecerá o estatuto jurídico da empresa pública, da sociedade de economia mista e de suas subsidiárias que explorem atividade econômica de produção ou comercialização de bens ou de prestação de serviços, dispondo entre outros assuntos, sobre a sujeição ao regime jurídico próprio das empresas privadas, inclusive quanto aos direitos e obrigações civis, comerciais, trabalhistas e tributários.

O fato é que a regulamentação da greve foi remetida à legislação posterior à Constituição. Ocorre que o Poder Executivo acabou assumindo a questão e editou a Medida Provisória nº 50/89 que foi resultado, em grande medida, da omissão do Poder Legislativo em cumprir seu papel institucional, o que foi agravado pelo próprio contexto social da época[22]. Após a expiração do prazo daquela medida, o Executivo editou a Medida Provisória nº 59/89, reproduzindo o ato anterior.

Finalmente, a Medida Provisória nº 59/89 foi convertida em lei pelo Congresso Nacional, vindo a lume a Lei nº 7.783/89, que passou a ser conhecida como a Lei de Greve, com redação mais flexível que as normas anteriores, com o objetivo de cumprir a determinação do constituinte e regulamentar o direito de greve no setor privado.

4. Plano internacional

Atualmente, diversas Constituições dos Estados Democráticos asseguram, expressamente, o direito de greve, sendo que a Constituição do México (art. 123) foi pioneira em constitucionalizá-lo, já em 1917.

Por outro lado, os países submetidos a regimes ditatoriais, como Cuba e Coréia do Norte, ainda a consideram um ilícito penal, certamente perpetuando a tradição autoritária dos regimes incapazes de lidar com os anseios e desejos da sociedade, preferindo a pior opção: a criminalização.

Nos Estados Partes do MERCOSUL, a exemplo do Brasil, o direito de greve é amplamente assegurado em suas constituições: na Argentina (art. 14-B); Paraguai (art. 98); Uruguai (art. 57) e Venezuela (art. 97).

Nos demais países da América do Sul a situação é idêntica, tanto nos chamados "Estados Associados", como o Chile (art. 19), Peru (art. 28), Colômbia (art. 56) e Equador (art. 326), como nos Estados que ainda não

---

[22] O quadro à época é descrito por Amauri Mascaro Nascimento nos seguintes termos: "A primeira posição assumida pelo Poder Legislativo foi a de se omitir, deixando de aprovar um texto legal, não por falta de projetos, já que diversos haviam sido apresentados, mas em razão da própria indefinição sobre os rumos a serem imprimidos à questão, postura que, de algum modo, somada às dificuldades encontradas pelo governo para enfrentar a inflação e os efeitos que se refletiram sobre os salários, estimulou o aumento do número de greves no país. Há dados do governo segundo os quais foram deflagradas, em 1985, 1289 greves; em 1986, 2.282; em 1987, 2.313; em 1988, 2.241; de janeiro a abril de 1989, 1.288 greves. A maior conflitividade verificou-se no setor público: 60% do total das greves. A frequência da greve em atividades essenciais como transportes, repercutiu negativamente sobre boa parte da população, além de provocar reações do Estado, no sentido de ser regulamentado o texto constitucional" (NASCIMENTO, Amauri Mascaro. *Comentários à lei de greve*. São Paulo: LTr, 1989. p. 19).

são partes, mas estão em processo de adesão, como a Bolívia (art. 53) ou detém apenas direito de participação em reuniões, como a Guiana (art. 13) e o Suriname (art. 33).

Nas constituições democráticas da Europa não é diferente. O direito é assegurado em Portugal (art. 58), Espanha (art. 28), Itália (art. 40), Grécia (art. 23-2), Luxemburgo (art. 11-4), Polônia (art. 233-3), Rússia (art. 37-4), Suíça (art. 28-3), Ucrânia (art. 44) etc.

Na França o direito de greve é referido em seu preâmbulo, sob o enfoque mais principiológico, não existindo dispositivo específico tratando sobre o tema, de modo que o direito é exercido segundo a legislação infraconstitucional e segundo os parâmetros adotados pela jurisprudência, especialmente de acordo com os julgamentos emanados pela Corte de Cassação.

Em outros países como a Alemanha, Áustria, Bélgica, Finlândia e Noruega, a situação é semelhante, pois as constituições são omissas, de modo que "o reconhecimento do direito de greve como direito fundamental operou-se através de larga sedimentação jurisprudencial, orientada, sobretudo por uma de duas lógicas (quando não por ambas): a de se tratar de uma garantia implícita no direito de associação, e a de resultar da recepção (pela ratificação dos respectivos instrumentos convencionais) de princípios consagrados a nível internacional"[23].

A Constituição dos Estados Unidos nada menciona sobre a greve, muito menos sobre direitos trabalhistas, o que não quer dizer, logicamente, que seja proibida, sendo que a Lei "Taft-Hartley", que veda a greve nos serviços públicos, e o "Wagner Act", dão os contornos da greve.

A greve também está prevista em diversos instrumentos, textos regionais e documentos que versam sobre direitos humanos.

A Carta Social Europeia de 1961 estabelece que para assegurar o exercício eficaz do direito de negociação coletiva, as Partes Contratantes reconhecem o direito dos trabalhadores e dos empregadores, em caso de conflito de interesses, a recorrer a ações coletivas, inclusive o direito de greve, sob ressalva das obrigações que possam resultar das convenções coletivas em vigor (art. 6º).

---

[23] FERNANDES, António Monteiro. *A lei e as greves: comentários a dezasseis artigos do Código do Trabalho* (e-book). Coimbra: Almedina, 2013. p. 20

LEI Nº 7.783, DE 28 DE JUNHO DE 1989

O Pacto Internacional da Organização das Nações Unidas sobre direitos econômicos, sociais e culturais de 1966 dispõe que seus signatários comprometem-se a garantir o direito de toda pessoa de fundar com outras, sindicatos e de filiar-se ao sindicato de escolha, sujeitando-se unicamente aos estatutos da organização interessada, com o objetivo de promover e de proteger seus interesses econômicos e sociais. O exercício desse direito só poderá ser objeto das restrições previstas em lei e que sejam necessárias, em uma sociedade democrática, no interesse da segurança nacional ou da ordem pública, ou para proteger os direitos e as liberdades alheias. Também devem garantir o direito dos sindicatos de formar federações ou confederações nacionais e o direito destas de formar organizações sindicais internacionais ou de filiar-se às mesmas. Igualmente, assegurar o direito dos sindicatos de exercer livremente suas atividades, sem quaisquer limitações além daquelas previstas em lei e que sejam necessárias, em uma sociedade democrática, no interesse da segurança nacional ou da ordem pública, ou para proteger os direitos e as liberdades das demais pessoas. Finalmente, estabelece que o direito de greve deverá ser exercido de conformidade com as leis de cada país, em demonstração de prestígio à soberania nacional e as particularidades históricas e sociais que condicionam a interpretação de cada comunidade sobre o fenômeno greve (art. 8º).

Alguns dos mais importantes instrumentos mundiais são aqueles adotados pela Organização Internacional do Trabalho (OIT), órgão surgido a partir da aprovação do Tratado de Versalhes[24] pela Conferência de Paz, em 1919, que também pôs fim à Primeira Guerra Mundial e enunciou os princípios gerais que deveriam guiar a política da Sociedade das Nações no campo do Trabalho. É sediada em Genebra, na Suíça, como homenagem àquele que é considerado o mais antimilitarista dos países europeus[25].

---

[24] Segundo Eric Hobsbawn, ao menos do ponto de vista técnico, "o Tratado de Versalhes só se refere à paz com a Alemanha. Vários parques e castelos reais nas vizinhanças de Paris deram seus nomes aos outros tratados: Saint-Germain com a Áustria; Trianon com a Hungria; Sèvres com a Turquia; Neuilly com a Bulgária" (HOBSBAWN, Eric. *Era dos extremos: o breve século XX: 1914-1991*. Trad. Marcos Santarrita. São Paulo: Companhia das Letras, 1995. p. 38).

[25] SÜSSEKIND, Arnaldo. *Convenções da OIT*. 2ª ed. São Paulo: LTr, 1998. p. 17.

No preâmbulo do referido Tratado consta que a Sociedade das Nações tem por objetivo estabelecer a paz universal, que não pode ser fundada senão sobre a base da justiça social, bem como que existem condições de trabalho que para um grande número de pessoas implicam em injustiça, miséria e privações, de modo que a não adoção por uma nação de um regime de trabalho realmente humanitário é um obstáculo aos esforços dos demais, desejosos de melhorar a sorte dos trabalhadores nos seus próprios países.

A propósito de sua importância Nicolas Valticos[26] aponta que esse preâmbulo, que de forma ligeiramente modificada ainda é o da Constituição atual da OIT, continha o essencial da tríplice justificação de uma ação legislativa internacional sobre as questões de trabalho, a saber: *política* (assegurar bases sólidas para a paz universal), *humanitária* (existência de condições de trabalho que geram injustiça, miséria e privações) e *econômica* (o argumento inicial da concorrência internacional como obstáculo para a melhoria das condições sociais em escala nacional, ainda que invocado agora em último lugar).

Essa importante entidade de âmbito internacional, cuja criação fundou-se sobre a convicção primordial de que a paz universal e permanente somente pode estar baseada na justiça social, tem como finalidade promover o bem-estar material e o desenvolvimento espiritual do ser humano, através da dignificação do trabalho e do trabalhador. É a única das agências do Sistema das Nações Unidas com uma estrutura tripartite, composta de representantes de governos e de organizações de empregadores e de trabalhadores. Seu caráter democrático é inegável.

A OIT é responsável pela formulação e aplicação das normas internacionais do trabalho (convenções e recomendações). As convenções, uma vez ratificadas por decisão soberana de um país, passam a fazer parte de seu ordenamento jurídico; daí sua importância. O Brasil está entre os membros fundadores da OIT e participa da Conferência Internacional do Trabalho desde sua primeira reunião.

E com a greve, fenômeno mundial e tão representativo do mundo do trabalho, não poderia ser diferente: ela sempre despertou a atenção da OIT. O problema é que não há um denominador comum entre os Estados acerca da natureza jurídica da greve, que varia de acordo com o processo

---

[26] VALTICOS, Nicolas. *Derecho internacional del trabajo*. Madrid: Tecnos, 1977. p. 67.

histórico – e mesmo ideológico – de cada país, valores que, assim, serão refletidos no tratamento que cada ordenamento jurídico destina à matéria.

Sim porque não se pode esquecer que, após 1945, com o fim da Segunda Guerra Mundial, o mundo estava dividido entre países capitalistas e socialistas, sendo que estes últimos se recusavam a reconhecer a greve como um direito, reputando-a como um comportamento nocivo à sociedade e, portanto, tinham poder para bloquear as votações sobre o tema. Assim, aquela organização sempre teve de ser bastante cautelosa em suas opiniões, razão pela qual optou por não adotar em suas Recomendações e Convenções a expressão "direito de greve", mas apenas recurso à greve[27].

As Convenções nº 87 e 98 são os principais instrumentos internacionais aprovados por trabalhadores, empregadores e governos na OIT, em matéria de liberdade sindical, sendo que ambas estão incluídas no rol das oito convenções fundamentais da OIT[28].

A Convenção nº 87 de 1948 consagrou o direito dos trabalhadores e empregadores se associarem e se filiarem livremente, de redigirem seus estatutos e regulamentos administrativos, de elegerem livremente seus representantes, sendo vedada qualquer intervenção de autoridades públicas que pudesse impedir ou dificultar esse exercício, nos termos a lei. Infelizmente ainda não foi ratificada pelo Brasil[29], e dificilmente o será.

---

[27] SILVA, Homero Batista Mateus da. *Direito coletivo do trabalho*. Vol. 7. 2ª ed. São Paulo: Elsevier, 2011. p. 262.

[28] As oito Convenções fundamentais da OIT foram as seguintes: (i) Convenção 29 de 1930 sobre o trabalho forçado; (ii) Convenção nº 87 de 1948 sobre a liberdade sindical e a proteção do direito sindical (iii) Convenção nº 98 de 1949 sobre o direito de sindicalização e de negociação coletiva; (iv) Convenção nº 100 de 1951 sobre a igualdade de remuneração; (v) Convenção nº 105 de 1957 sobre a abolição do trabalho forçado; (vi) Convenção nº 111 de 1958 sobre a discriminação (emprego e profissão); (vii) Convenção nº 138 de 1973 sobre a idade mínima para a admissão ao trabalho (viii) Convenção nº 182 de 1999 sobre a proibição das piores formas de trabalho infantil e ação imediata para a sua eliminação.

[29] A ratificação da Convenção nº 87 ainda hoje não ocorreu; e isso dificilmente irá ocorrer. É que o artigo 8º da Constituição Federal veda a criação de mais de uma organização sindical, em qualquer grau, representativa de categoria profissional ou econômica, na mesma base territorial, que será definida pelos trabalhadores ou empregadores interessados, não podendo ser inferior à área de um Município (inciso II). Além disso, também estabelece que a assembleia geral fixará a contribuição que, em se tratando de categoria profissional, será descontada em folha, para custeio do sistema confederativo da representação sindical respectiva, independentemente da contribuição prevista em lei (inciso III). Ou seja, além de

A Convenção nº 98 de 1949 sobre direito de sindicalização e de negociação coletiva, tem o objetivo de proteger os trabalhadores contra quaisquer atos atentatórios à liberdade sindical em matéria de emprego.

Verifica-se, também que, além das Convenções nº 87 e 98, há inúmeros instrumentos daquela entidade (convenções, recomendações, resoluções, além da própria Constituição da OIT e da Declaração de Filadélfia) sobre liberdade sindical, mas que abordam, mesmo que indiretamente, importantes aspectos relativos à organização sindical e, portanto, remetem à própria noção de greve. Elas não possuem disposições explícitas sobre o direito de greve, mas o Comitê de Liberdade Sindical considera que o direito de greve decorre do direito dos sindicatos de formular suas políticas e organizar suas atividades, de modo que eventuais restrições, embora admitidas, devem estar ligadas às condições particulares, tais como razões de segurança, serviços essenciais, serviços mínimos[30].

Nesse aspecto, importante mencionar a Recomendação nº 92 de 1951 ("Sobre Conciliação e Arbitragens Voluntárias") que dispõe que se um conflito for submetido ao procedimento de conciliação com o consentimento de todas as partes interessadas, estas devem ser estimuladas a se absterem de greves e "lock-outs" enquanto prosseguir a conciliação (art. 4º). Igualmente, também dispõe que se um conflito com o consentimento das partes envolvidas vier a ser submetido a arbitragem para uma solução final, estas devem ser estimuladas a se absterem de greves e "lock-outs" enquanto durar a arbitragem e a aceitarem a sentença arbitral (art. 6º).

A Convenção nº 105 de 1957, por sua vez, bane os trabalhos forçados, especialmente aqueles que decorram de punições pela adesão às greves.

---

impor a unicidade sindical em todos os níveis, ainda manteve a contribuição compulsória dos integrantes das respectivas categorias para custeio do sistema. Portanto, não há que se falar na liberdade sindical plena preconizada pela Organização Internacional do Trabalho em sua Convenção nº 87, já que nem o trabalhador, nem o empregador podem escolher livremente o sindicato a qual desejam se filiar. É uma via de mão única, pois é retirado o poder de opção (a verdadeira liberdade) entre o sindicato mais eficiente, o mais transparente, o mais bem estruturado, o que melhor negocia. A única escolha no atual modelo é se haverá ou não filiação. E o que seria verdadeiramente democrático e plural, é que a escolha ocorresse entre quais sindicatos a filiação ocorreria. As perspectivas não são nada animadoras, já que essa mudança exigiria uma profunda discussão sobre o atual modelo sindical, culminando em uma reforma constitucional por meio de emenda que tratasse do tema.

[30] BOUDINEAU, Christine; LE NOUVEL, Anne; MERCAT-BRUNS, Marie; SILHOL, Bruno. *Le Droit social Internacional et européen em pratique*. Saint Germain: Eyrolles, 2010. p. 115.

A Convenção nº 160 e a Recomendação nº 175, ambas de 1985, tratam do recolhimento, compilação e publicação regular de estatísticas trabalhistas, abrangendo inclusive os conflitos de trabalho como as greves.

A Recomendação nº 176 de 1985 aborda o tema da indenização pelo desemprego involuntário, esclarecendo que este benefício não se confunde com a adesão ao movimento grevista.

Todos esses importantes instrumentos normativos comprovam que a OIT sempre se dedicou a estimular que os Estados apreendessem e reconhecessem a legitimidade da greve, como verdadeira medida de melhoria nas condições de trabalho da comunidade.

Ainda hoje não há nenhuma convenção da OIT disciplinando o exercício do direito de greve, mas apenas recomendando que eventuais limitações sejam razoáveis, relativamente a serviços essenciais e à função pública, remetendo aos próprios Estados, desde que respeitadas tais balizas, o estabelecimento das condições em que o direito será exercido.

5. Conflitos de trabalho

O ser humano parece ser naturalmente inclinado às relações de dominação de uns sobre os outros, de modo que a ideia de conflitos e disputas já há muito tempo, encontra-se intimamente ligada à própria história humana – e talvez até mesmo à sua natureza –, despertando a atenção dos grandes pensadores de nosso tempo.

Já na Antiguidade, Aristóteles falava que os homens não são naturalmente iguais, uns nascendo para o domínio, outros para a escravidão. Platão afirmava que a humanidade está em uma condição de guerra pública de cada homem contra o outro homem, e, em uma condição privada, de cada homem consigo mesmo.

Analisando-se a questão a partir do pensamento de Thomas Hobbes, o homem seria movido pela vontade e deliberação, ou seja, pelas paixões e, uma vez que sua natureza é belicosa, inevitavelmente acabará por submeter e controlar o mais fraco – esse é o estado de natureza da guerra de todos contra todos –, o que levaria à necessidade do contrato social, para aumentar sua possibilidade de sobrevivência.

Para Konrad Lorenz, o homem, assim como os animais, já possui um impulso intrínseco que o leva ao comportamento agressivo em relação a sua espécie, o que pode gerar consequências extremas, já que a tecnologia pode amplificar esse potencial destrutivo e a submissão do outro não costuma ser respeitada, o que leva à destruição do "perdedor".

E o homem, seja para o mal ou para o bem é justamente aquele que, na arguta definição de Dostoiévski é o "ser que se habitua a tudo", o que torna essa situação conflituosa ainda mais importante, eis que a torna corriqueira, natural. Mas também é certo que, conforme alertava David Hume[31], "qualquer hipótese que pretenda revelar as qualidades originais e últimas da natureza humana deve imediatamente ser rejeitada como presunçosa e quimérica".

Independentemente de se tentar extrair as origens dos conflitos, o que importa mais para o presente estudo é identificar que, no âmbito das relações de trabalho, o conflito é, de fato, um dado empírico e facilmente constatável, especialmente nos regimes capitalistas.

A amplitude que pode tomar a questão é bem ilustrada por José María Rivas[32], ao apontar que, ao longo do capitalismo, se enfrentaram duas partes perfeitamente identificadas e caracterizadas: de um lado um grupo de trabalhadores que reclamava seus direitos; de outro o empregador ou grupo de empregadores que negam a existência ou a extensão do direito reclamado. E não são poucas as vezes em que nos deparamos com fatos violentos por parte dos grevistas, seja contra seus próprios colegas que não aderiram à greve, contra os empregadores em cujo estabelecimento ainda trabalham. O conflito se perdura, adquire caráter público e transcende as inquietudes das partes; quanto a ele se interessa a população e o clamor obriga a intervenção do Estado que busca de forma ansiosa a solução do conflito.

Segundo a opinião de Alberto José Carro Igelmo[33] podemos entender por conflito coletivo de trabalho toda alteração da normalidade das relações jurídico-laborais, produzida em um grupo de trabalhadores e uma empresa ou grupo de empresas como consequência da discussão sobre condições gerais de trabalho e cujos efeitos podem, eventualmente, se estender a pessoas e instituições não sujeitas a dita fricção, mas que estejam, essencialmente, implicados na mesma.

---

[31] HUME, David. *Tratado da natureza humana*. Trad. Débora Danowski. 2ª ed. São Paulo: UNESP, 2009. p. 23.

[32] RIVAS, José María. *Ley de arbitraje obligatorio*. Buenos Aires: Zavalía, 1966. p. 43-44.

[33] IGELMO, Alberto José Carro. *Curso de derecho del trabajo*. 2ª ed. Barcelona: Bosch, 1991. p. 667.

Como aponta Alfredo J. Ruprecht[34] produz-se o conflito "quando uma das partes lesa o direito da outra, quando divergem na interpretação ou alcance de uma norma, seja legal ou convencional, ou quando creem que é necessário mudar as condições existentes ou convencionadas entre elas; em todas estas situações e noutras análogas, se produz uma distorção nas relações que se mantinham e isto desemboca num conflito".

Sim, porque, conforme bem assevera Antônio Ferreira Cesarino Jr.[35] "se para o empregador o objetivo é obter maior quantidade de mão de obra pelo menor salário possível, para o empregado é o contrário: conseguir o melhor salário possível com o mínimo de esforço. Daí porque surgem inevitavelmente conflitos originados no trabalho, que somente desaparecerão em uma época talvez inalcançável, em que empregadores e empregados estejam perfeitamente educados para reconhecer, sem contestação, os direitos a que reciprocamente são credores. E dizemos época talvez inalcançável, porque eliminar estes conflitos seria eliminar o egoísmo entre os homens".

Segundo o pensamento de Guillermo Cabanellas[36] os conflitos de trabalho possuem traços particulares que os diferenciam dos conflitos originados no Direito Comum, eis que sua natureza "assenta-se, essencialmente, no caráter que oferece o fato social 'trabalho', do qual derivam aqueles conflitos; sua valoração se afasta das de um simples conflito de interesses, seja em seu aspecto individual ou coletivo. No Direito do Trabalho, inclusive, os conflitos de interesses entre as partes possuem um significado especial, em razão de tais interesses procederem de uma prestação que tem como protagonista a pessoa humana e realizada em benefício de um valor social, que é a produção".

Para que seja possível estabelecer um conceito do que vem a ser o conflito de trabalho, é necessário analisar dois aspectos: as partes e o objeto. O primeiro exige que uma das partes seja uma coletividade, um grupo, uma categoria de trabalhadores, tarefa que geralmente é encampada pela entidade sindical, geralmente o próprio sindicato. O segundo diz

---

[34] RUPRECHT, Alfredo J. *Conflitos coletivos de trabalho*. Trad. José Luiz Ferreira Prunes. São Paulo: LTr, 1979. p. 13.
[35] CESARINO JR. Antônio Ferreira. *Direito social brasileiro*. 5ª ed. Vol. I. São Paulo, 1963. p. 298.
[36] CABANELLAS, Guillermo; RUSSOMANO, Mozart Victor. *Conflitos coletivos de trabalho*. São Paulo: Revista dos Tribunais, 1979. p. 08-09.

respeito ao objeto que deve ser um interesse coletivo e comum a determinados trabalhadores.

Nesse sentido, com lastro na opinião de García Abellán, informa Alfredo J. Ruprecht[37] que a situação conflitiva formaliza-se "mediante uma relação de litígio estabelecida entre uma coletividade homogênea de trabalhadores e uma empresa ou grupo de empresas, que tem como matéria ou objeto próprio a confrontação de direitos ou interesses comuns à categoria profissional".

Art. 1º É assegurado o direito de greve, competindo aos trabalhadores decidir sobre a oportunidade de exercê-lo e sobre os interesses que devam por meio dele defender.

Parágrafo único. O direito de greve será exercido na forma estabelecida nesta Lei.

Sumário
1. Natureza jurídica
2. A greve como um direito fundamental
3. Conceito
4. Oportunidade do exercício
5. Interesses a defender
6. Titularidade do direito
7. Cargos e funções de confiança
8. Exercício do direito

Comentário

1. Natureza jurídica

Para alguns a greve seria apenas um *fato social*, não tendo qualquer relevância jurídica, ou seja, um fato inerente às relações travadas entre patrões e empregados, despertando interesse apenas histórico e cultural do qual o ordenamento jurídico não deveria se ocupar; a ela, portanto, deveria ser atribuída mínima importância.

---

[37] Ruprecht, Alfredo J. *Op. cit.* p. 24.

Sustentava-se tal posição inclusive com o argumento de que a greve deteria uma antijuridicidade intrínseca, eis que se caracterizava como uma "justiça privada" de coação direta de um grupo sobre outro, em detrimento de outras formas de solução dos conflitos, especialmente a jurisdição estatal. Assim, uma vez que os sistemas jurídicos, em regra, vedavam a autotela (caso contrário haveria um retorno ao estado de barbárie, da luta de todos contra todos), seria ilógico que se pretendesse tratar juridicamente da greve.

Uma vez que se considerava a greve como um *fato social* era também necessário reconhecer a incapacidade do Direito em discipliná-la, tratá-la incorporá-la, regulá-la ou restringi-la. Porém, até mesmo pela evolução histórica identificada junto ao instituto, verifica-se que essa posição não era a mais acertada.

Isso porque, muito embora a greve seja um fato social que muitas vezes acabam mesmo se impondo aos empregadores e às autoridades públicas ou desbordando dos quadros legais, não é menos verdade que a tarefa inerente ao Direito é justamente apreender, problematizar, captar e regular, na medida do possível, os fatos sociais, conferindo-lhes o devido reconhecimento jurídico, especialmente nos regimes democráticos e das liberdades sociais, de modo a garantir a paz social e a harmonia no convívio social. Afinal, historicamente, como a própria evolução da greve demonstra, é possível verificar que os fatos não absorvidos pelo Direito costumam ser vistos como nocivos, como uma ameaça ao *establishment* e à ordem estatal, o que acaba levando à sua repressão, ou criminalização, criando-se uma ruptura entre o legal e o real.

Daí porque Alfredo Montoya Melgar[38] aponta que a greve, em sua raiz, é um puro *fato natural*, baseado na reação instintiva do homem frente a determinados comportamentos que reputa injustos ou que lhe são adversos. Mas precisamente porque se trata de um fenômeno natural – que já foi mesmo comparável à guerra, segundo a famosa comparação de Georges Scelle ou Carnelutti –, também está comprovado que o Direito não pode proibir as greves, porque se a condena não consegue eliminá-las da realidade socioeconômica; esta comprovação leva a maior parte dos ordenamentos ao reconhecimento do direito de greve, o que produz

---

[38] MELGAR, Alfredo Montoya. *Derecho del trabajo*. 14ª ed. Madri: Tecnos, 1993. p. 695.

o efeito reflexo de submeter a greve à lei. Somente através da sujeição da greve ao Direito pode-se falar da greve como fenômeno de civilização.

Aliás, até mais que isso, já que a greve é defendida como uma expressão qualificada da democracia social contemporânea, ou seja, sob esse aspecto é uma figura que se opõe não apenas contra o patrão, mas contra a própria minoria não solidária de trabalhadores que assegura o respeito à vida democrática e à vontade da maioria dos trabalhadores que decidiu pela suspensão do trabalho[39].

Outro dado histórico que comprova a falha desse pensamento: essa posição foi justamente muito utilizada pelos regimes fascistas corporativistas, que não admitiam a existência de conflitos de trabalho e que governavam submetendo os sindicatos e controlando a insatisfação dos trabalhadores.

Mesmo assim, existem algumas particularidades da greve que, num primeiro momento, acabam reforçando essa posição, afinal, a deflagração de uma greve, especialmente nos serviços essenciais, acaba gerando consequências que não se prendem às relações de trabalho, mas podem afetar tanto a coletividade quanto, dependendo de seu alcance, a própria atuação do Estado. Contudo, esse corrente é muito reducionista, pois, de fato, a greve é um fato social, mas não se limita somente a isso.

Para outros, a greve seria uma *liberdade*. Segundo os defensores dessa teoria, a greve nada mais seria que a manifestação atrelada à própria liberdade humana, ou seja, corolário do direito à liberdade sob uma perspectiva ampla; uma manifestação desse direito no campo da relação de trabalho, mas que também poderia incidir em qualquer outro campo. Dessa forma, não poderia ser regulamentada muito menos restringida pelo direito, ou do contrário se ceifaria a própria liberdade humana.

Em relação à impossibilidade de regulamentação do direito, existe um ponto de contato inegável entre essa e a teoria da greve como um fato social, embora cada uma com seus próprios fundamentos. Porém, se a greve é um fato social, mas não apenas isso, também é verdade que a greve é uma liberdade, mas não apenas isso.

---

[39] AZUELA, Héctor Santos. "Perspectivas actuales de la huelga". *Boletín Mexicano de Derecho Comparado*. 1991. XXIV. maio/agosto. p. 522-523. Disponível em: <http://www.redalyc.org/articulo.oa?id=42707105>. Acesso em: 21 jan. de 2014.

O equívoco, nesse caso, é tentar repelir ao direito a apreensão e a disciplina dos fatos sociais, seja traduzindo como um simples fato, seja como uma mera liberdade, o que acaba questionando a própria capacidade dos sistemas jurídicos em conferir segurança jurídica e paz aos cidadãos.

Ora, é claro que a greve não deixa de ser uma liberdade (em muitos ordenamentos jurídicos essa visão ainda é marcante, como na Alemanha, por exemplo). Mas a greve, embora seja uma decorrência da liberdade sindical, não pode pretender se afastar de toda e qualquer regulação pelos sistemas jurídicos.

Primeiro, porque não existe nenhuma liberdade absoluta[40], o que traz a necessidade de regulação jurídica, a fim de se estabelecer a extensão e limites do exercício dessa liberdade; segundo, porque a própria finalidade do direito é obter a tutela dos interesses da sociedade, ou seja, a lei é destinada à resolução dos conflitos de interesses e "seria ela própria resultante dos vários interesses"[41] que devem coexistir em harmonia, sem que um subjugue outro.

E não é apenas a resolução de conflitos que se espera do sistema jurídico, ou seja, uma mera solução matemática e mecânica do conflito. Isso porque "a solução do conflito apenas não é suficiente. Exige-se que seja

---

[40] A própria conceituação do direito de liberdade é tarefa tormentosa. Para José Afonso da Silva, num conceito amplo, a liberdade seria a "possibilidade de coordenação consciente dos meios necessários à realização da felicidade pessoal" (SILVA, José Afonso da. *Curso de direito constitucional positivo*. 22ª ed. São Paulo: Malheiros, 2003. p. 232). Esse direito, de fato, é um dos pilares dos regimes democráticos, mas deve ser entendido a partir de limitações que são trazidas pelo próprio texto constitucional, especialmente mediante a interpretação conjugada com o princípio da legalidade, segundo o qual "ninguém será obrigado a fazer ou deixar de fazer alguma coisa senão em virtude de lei" (art. 5º, II, CF). Daí porque o rol dos direitos e garantias fundamentais é pródigo em trazer exemplos desse sistema de aplicação condicionante e não absoluta do primado da liberdade. Vale dizer, portanto, que dentre os vários matizes da liberdade (de expressão, de trabalho, de crença, entre outros), deve-se analisar eventual limitação trazida pela norma constitucional. Assim, é livre a manifestação do pensamento, mas é vedado o anonimato (art. 5º, IV, CF); é livre o exercício de qualquer trabalho, ofício ou profissão, mas devem ser atendidas as qualificações profissionais que a lei estabelece (art. 5º, XIII); é livre a expressão da atividade intelectual, artística, científica e de comunicação, independentemente de censura ou licença (art. 5º, IX), mas também são invioláveis a intimidade, a vida privada, a honra e a imagem das pessoas, assegurado o direito a indenização pelo dano material ou moral decorrente de sua violação (art. 5º, X).

[41] CAMPILONGO, Celso Fernandes. *Interpretação do direito e movimentos sociais: hermenêutica do sistema jurídico e da sociedade*. Rio de Janeiro: Elsevier, 2012. p. 148.

feita de modo justo, com relação às partes, com a dimensão social que se requer, chame-se paz social ou bem comum"[42].

Daí a importância da regulação jurídica dos fatos sociais e das liberdades, que não podem prescindir da apreensão e modelação pelo Direito.

Atualmente, a Constituição Federal de 1988 consagra a greve como um direito fundamental, tanto para os trabalhadores em geral (art. 9º) quanto para os servidores públicos civis (art. 37, VI e VII), não havendo mais dúvida, ao menos no Estado Democrático de Direito, acerca da natureza jurídica da greve, sendo que a real importância das antigas discussões sobre esse tema, acabam ficando no campo histórico.

2. A greve como um direito fundamental

Os direitos fundamentais são direitos inerentes à própria noção de pessoa, como direitos básicos da pessoa, direitos essenciais do cidadão, que provêm da ordem jurídica e refletem as concepções acerca da pessoa, da sociedade e da pessoa na sociedade, sendo mesmo dependentes das filosofias políticas, sociais e econômicas e das circunstâncias de cada época e lugar[43]. A proteção dos direitos fundamentais, que são irrenunciáveis[44], é considerada, na cultura jurídica e política de nossa época, um elemento essencial à legitimação do poder político e exigência básica de todo e qualquer Estado Democrático de Direito[45].

É bom lembrar que, muito embora consagrada a ideia de "validez universal dos direitos fundamentais, os diferentes conceitos oferecem diferenciados conteúdos e os respectivos elementos intrínsecos dependem de numerosos fatores: idiossincrasia, cultura e história de cada povo"[46]. Daí porque também tem uma carga de historicidade muito forte, o que é emblemático no caso da própria greve, como a evolução em seu tratamento legislativo vem demonstrando.

---

[42] SALGADO, Joaquim Carlos. *A ideia de justiça no mundo contemporâneo: fundamentação e aplicação do direito como 'maximum' ético*. Belo Horizonte: Del Rey, 2007. p. 124.

[43] MIRANDA, Jorge. *Escritos Vários sobre Direitos Fundamentais*. Estoril: Princípia, 2006. p. 60.

[44] Também é a ideia trazida pelo Código do Trabalho de Portugal (art. 530º) que chega mesmo a relembrar que se trata de um direito irrenunciável (art. 530º, '3').

[45] LLORENS, Montserrat Pi. *Carta de los derechos fundamentales de la Unión Europea*. Barcelona: Universitat de Barcelona, 2001. p. 07.

[46] LEMBO, Cláudio. *A pessoa: seus direitos*. Barueri: Manole, 2007. p. 05.

A propósito da greve, o enquadramento como um direito fundamental é absolutamente apropriado a sua natureza historicamente conflituosa, como se vê do pensamento de Norberto Bobbio[47], para quem "os direitos do homem, por mais fundamentais que sejam, são direitos históricos, ou seja, nascidos em certas circunstâncias, caracterizadas por lutas em defesa de novas liberdades contra velhos poderes, e nascidos de modo gradual, não todos de uma vez e nem de uma vez por todas".

A partir dessa ótica, é salutar lembrar que as expressões "direitos humanos" e "direitos fundamentais", embora intimamente relacionadas não se confundem, haja vista que a primeira é atribuída àqueles direitos reconhecidos nas ordens jurídicas internacionais ou supranacionais, enquanto a segunda diz respeito àqueles direitos que já foram positivados pelos sistemas jurídicos.

Daí porque afirma, com razão, Ingo Wolfgang Sarlet[48] que os direitos fundamentais constituem "o conjunto de direitos e liberdades institucionalmente reconhecidos e garantidos pelo direito positivo de determinado Estado, tratando-se, portanto, de direitos delimitados espacial e temporalmente, cuja denominação se deve ao seu caráter básico e fundamentador do sistema jurídico do Estado de Direito", ou seja, a greve não integraria apenas o rol de direitos humanos, mas assumiria a qualidade de direito fundamental, com muito maior eficácia, já que conta com toda uma estrutura jurídica para lhe dar concretude prática.

3. Conceito

Embora já assentada sua natureza jurídica, até hoje não existe um consenso sobre o conceito de greve.

Aponta José de Segadas Vianna[49] que alguns doutrinadores chegaram mesmo a contestar a juridicidade da greve, entre eles Georges Scelle, para o qual haveria uma antinomia irredutível entre a greve de um lado e, de outro, o respeito às convenções de trabalho, à liberdade e à segurança nacional e Francesco Carnelutti, para quem o direito de greve seria a própria negação do direito, equiparando-o ao direito de guerra, que conteria

---

[47] BOBBIO, Norberto. *A Era dos direitos*. Rio de Janeiro: Campus, 1992. p. 05.
[48] SARLET, Ingo Wolfgang. *A eficácia dos direitos fundamentais*. Porto Alegre: Livraria do Advogado, 2005. p. 37.
[49] VIANNA, Segadas. *Instituições de Direito do Trabalho*. Vol. II. 13ª ed. São Paulo: LTr, 1993. p. 1076.

uma *contradictio in adjeto*. Ou seja, a greve seria uma ação tipicamente violenta que contrastaria com a noção de direito.

Para Amauri Mascaro Nascimento[50] trata-se da paralisação combinada do trabalho para o fim de postular uma pretensão perante o empregador. Em conceito muito parecido também entendem Camerlynck e Lyon-Caen[51] que se trata de uma interrupção coletiva e concertada do trabalho ligada a uma reivindicação profissional.

Por seu turno, José de Jesus Castorena[52] a qualifica como a suspensão do trabalho concertada pela maioria dos trabalhadores de um empresa ou estabelecimento para defender e melhorar as condições de trabalho próprias ou alheias de uma coletividade de trabalhadores.

Na abalizada visão de Jean Rivero e Jean Savatier[53] a greve pode ser entendida como a cessação combinada do trabalho pelos trabalhadores, visando a constranger o empregador, por este meio de pressão, a aceitar-lhes o ponto de vista sobre a questão objeto do dissídio.

Segundo Orlando Gomes e Elson Gottschalk[54] a greve é uma declaração sindical que condiciona o exercício individual de um direito coletivo de suspensão temporária do trabalho, visando à satisfação de um interesse profissional.

Em conceito amplo e lúcido, Mario de la Cueva[55] entende tratar-se da suspensão concertada do trabalho, levada a cabo para impor e fazer cumprir condições de trabalho que respondam à ideia de justiça social, como um regime transitório, na espera de uma transformação das estruturas políticas, sociais e jurídicas, que ponham a riqueza e a economia a serviço de todos os homens e de todos os povos, para garantir a satisfação integral de sua necessidade.

---

[50] NASCIMENTO, Amauri Mascaro. *Compêndio de direito sindical*. 2ª ed. São Paulo: LTr, 2000. p. 391.

[51] CAMERLYNCK, G. H.; LYON-CAEN, Gérard. *Derecho del trabajo*. 5ª ed. Madrid: Aguilar, 1974. p. 472.

[52] CASTORENA, José de Jesus. *Manual de derecho obrero*. México: ed. do autor, 1984. p. 300.

[53] RIVERO, Jean; SAVATIER, Jean. *Droit du travail*. Paris: Presses Universitaires de France, 1956. p. 203.

[54] GOMES, Orlando; GOTTSCHALK, Elson. *Curso de direito do trabalho*. 18ª ed. Rio de Janeiro: Forense, 2007. p. 645.

[55] CUEVA, Mario de la. *Nuevo derecho mexicano del trabajo*. Tomo II. México: Porrúa, 1989. p. 585.

Para Pinkas Flint Blanck[56] é a suspensão temporal do trabalho acordada pela maioria dos trabalhadores de uma ou mais empresas em defesa de seus interesses profissionais para pressioná-la ou pressioná-las a ceder, no todo ou em parte, a uma reivindicação cuja finalidade é melhorar as condições de trabalho ou solucionar conflitos coletivos.

Um conceito abrangente e, ainda hoje atual do instituto, compilando todas as ideias dos autores já citados, é oferecido por Guillermo Cabanellas[57], ao falar que se trata da abstenção coletiva e ajustada do trabalho pelos trabalhadores, seja por um grupo deles, por uma associação profissional, pela maioria dos que trabalham em uma ou várias empresas ou grupos de empresa, com abandono dos locais de trabalho, com o objetivo de exercer pressão sobre o empregador ou empresário, a fim de obter o reconhecimento de uma pretensão de caráter profissional ou com o propósito de preocupar, modificar ou criar novas condições de trabalho.

Embora os conceitos encontrados na doutrina sejam diversos, verifica-se pela existência de vários pontos de contato entre eles, a saber: a necessidade de uma paralisação temporária da prestação dos serviços; um movimento concertado encampado por um grupo de trabalhadores; o caráter coletivo; presença de um interesse profissional que aglutine o grupo.

4. Oportunidade do exercício

Em relação à oportunidade do exercício e aos interesses que deverão ser defendidos, o artigo 1º da Lei nº 7.783/89 apenas reproduz, de forma literal, o artigo 9º da Constituição, cabendo aos trabalhadores decidir e definir as reivindicações, de modo que serão eles que irão julgar o momento mais conveniente para deflagração do movimento grevista. A redação, tanto do texto constitucional, como do artigo indicado contém inegável amplitude.

Portanto, um primeiro cuidado consiste em delimitar no que consiste a abrangência da palavra "oportunidade". Será que a greve adquiriu tal grau de importância e permissividade que poderia ser deflagrada a qualquer tempo?

---

[56] BLANCK, Pinkas Flint. *Derecho laboral: casos y materiales para el estudio del derecho aplicado a la empresa*. 2ª ed. Lima: Studium, 1988. p. 437.

[57] CABANELLAS, Guillermo. *Conflitos coletivos de trabalho*. Trad. Carmem Dolores Russomano Galvão e Juraci Galvão Jr. São Paulo: Revista dos Tribunais, 1979. p. 28.

A expressão "oportunidade" pode ser entendida como conveniência, ou seja, pode ser deflagrada na medida em que convenha, numa aferição temporal, à defesa dos interesses da categoria. Essa conveniência, todavia, deve ser acompanhada de um inconformismo justo com determinada situação, ou seja, deve haver o estabelecimento de parâmetros e critérios que justifiquem a adoção dessa medida última extrema.

Por isso, não se pode dizer que a noção de oportunidade autoriza a deflagração de greve "a qualquer momento"; tal interpretação seria amplamente equivocada, haja vista que a própria lei não admite, como de regra, a greve na vigência de convenções ou acordos coletivos, bem como de sentenças normativas, já que "esses instrumentos consubstanciam exatamente a decisão do conflito"[58].

A oportunidade, assim, embora sua escolha caiba à decisão dos trabalhadores, deverá guardar pertinência com os interesses que se pretendam defender.

5. Interesses a defender

Em relação aos interesses estes devem compreender os interesses profissionais da categoria. Mas qual a abrangência dos interesses que serão defendidos? O que vem a ser os tais interesses?

A situação é polêmica e tudo dependerá do alcance e amplitude que venha a ser conferida aos "interesses".

Sobre esse aspecto, a Lei de Greve não traz nenhuma definição ou parâmetro exemplificativo. Em Portugal, o Código do Trabalho também segue nessa linha, estabelecendo que compete aos trabalhadores definir o âmbito de interesses a defender através da greve (art. 530º, '2'). Como se vê, pela simples leitura dos dispositivos, confere-se uma discricionariedade grande aos trabalhadores sobre esse tema.

Algumas legislações, no entanto, avançam nesse campo. A Ley Federal del Trabajo, no México, traz previsão bem ampla ao estabelecer que a greve deve ter por objeto, por exemplo, a obtenção do equilíbrio entre os diversos fatores de produção, harmonizando os direitos do trabalho com os do capital; a obtenção de normas coletivas de trabalho ou sua revisão quando do término de sua vigência; a irresignação no caso de descum-

---

[58] NASCIMENTO, Amauri Mascaro. *Compêndio de Direito Sindical*. 2ª ed. São Paulo: LTr, 2000. p. 437.

primento/violação das normas coletivas previamente celebradas; o cumprimento das disposições legais sobre participação nos lucros; apoiar uma greve que tenha por objeto quaisquer das situações anteriores (art. 450).

Todas essas especificações podem muito bem ser trazidas para o caso brasileiro, de modo que a expressão "interesses" contida na Lei de Greve tem capacidade de envolver esses aspectos delineados.

É natural que se espere que a greve corresponda às reivindicações apresentadas a determinado empregador e não atendidas. O próprio fato de se estudar o fenômeno da greve no âmbito do direito positivo do trabalho confirma essa ideia.

Adotando-se essa posição mais restrita, as motivações que não estejam ligadas às questões estritamente trabalhistas, mas com reivindicações políticas, por exemplo, qualificariam a greve como abusiva.

Mas, como aduz Homero Batista Mateus da Silva[59] são "diversas as manifestações não trabalhistas do movimento grevista: a greve de solidariedade por trabalhadores de outra empresa ou de outro segmento, a greve geral por aumento de salário mínimo ou contra a política econômica do Governo Federal e assim por diante. Embora a greve geral esteja em desuso no Brasil, remontando à década de 1980, vez ou outra a população se vê atormentada por paralisação de transportes coletivos, sendo que a pauta de reivindicação dos trabalhadores inclui um leque tão grande quanto exigir o veto presidencial a um artigo de lei tributária ou a absolvição criminal de um simpatizante".

E também é verdade que a situação da greve é particular, especialmente no atual contexto de um mundo globalizado, em que as mudanças são tão rápidas e marcantes que os próprios interesses profissionais não são estáticos e imutáveis. Trata-se, hoje, de um mundo em que "os grupos industriais tiraram partido do aumento do desemprego e da reconstituição do 'exército de reserva mundial' para agravarem os salários e as condições de contratação, do mesmo modo que impuseram as novas tecnologias para impor novas formas de trabalho em oficina e escritórios"[60].

---

[59] SILVA, Homero Batista Mateus da. *Direito coletivo do trabalho*. Vol. 7. 2ª ed. São Paulo: Elsevier, 2011. p. 265.
[60] CHESNAIS, François. "A globalização do capital e as causas das ameaças da barbárie". In PERRAULT, Gilles (Organização). *O livro negro do capitalismo*. Trad. Ana Maria Duarte... [et. al.]. Rio de Janeiro: Record, 1999. p. 494.

De toda forma, a ampliação desse conceito não é tarefa fácil, pois como bem observa Maurício Godinho Delgado[61] é inegável "a grande resistência que, regra geral, tratadistas e distintas ordens jurídicas têm com respeito a greves não estritamente econômico-profissionais. Porém, nas democracias, havendo significativa aproximação de interesses, apta a gerar instrumental solidariedade, ou havendo significativa aproximação de problemas, apta a gerar instrumental insurgência paredista, o exercício da greve não se qualifica como abuso do direito. Esta é a linha matriz apontada pelo art. 9º da Constituição da República do Brasil".

É importante notar que existe uma limitação lógica embutida na expressão "interesses". Isso porque a negociação coletiva deve ser pautada pela boa-fé e pela transparência. Assim, não pode se estabelecer uma negociação coletiva por determinadas reivindicações e, em seguida, deflagrar-se uma greve lastreada em direitos que não foram objetos da pauta de negociação anterior, dada a instrumentalidade do próprio instituto.

Daí porque embora se possa admitir uma importante amplitude dos interesses profissionais que se pretendam ver protegidos, retomando-se a ideia da "solidariedade instrumental", a greve possui uma função jurídico-social, daí porque é instrumento, é veículo, é suporte para o atingimento de uma finalidade. E mais que isso; é um elemento essencial da negociação coletiva. Afinal, uma vez que o sistema jurídico "não reconhece a greve como um direito instrumental, os trabalhadores e as suas entidades sindicais estão desarmados, desprovidos de um arcabouço institucional para que possam fazer a pressão, dentro dos limites da razoabilidade, para angariar melhores condições de trabalho e de salário"[62].

Na doutrina trabalhista portuguesa encontram-se opiniões muito interessantes sobre o tema. António Monteiro Fernandes[63] aponta, por exemplo, que poderão estar incluídos na noção de "interesses sócio-profissionais" aqueles que não estão estritamente ligados às questões inerentes às relações de trabalho, mas a interesses diretos e próprios dos trabalhadores enquanto membros de uma categoria ou camada definida no seio da comunidade, abrangendo, assim, os interesses inerentes a certas

---

[61] DELGADO, Maurício Godinho. *Curso de direito do trabalho*. 7ª ed. São Paulo: LTr, 2008. p. 1423.
[62] JORGE NETO, Francisco Ferreira; CAVALCANTE, Jouberto de Quadros Pessoa. *Direito do trabalho*. Tomo II. 3ª ed. Rio de Janeiro: Lumen Juris, 2005. p. 1615.
[63] FERNANDES, António Monteiro. *Direito do trabalho*. 14ª ed. Coimbra: Almedina, 2009. p. 950-951.

greves políticas e de solidariedade, desde que relacionados à realização de um vasto complexo de bens que encontram reconhecimento e tutela na disciplina constitucional das relações econômicas.

Essa é a mesma posição adotada por J. J. Gomes Canotilho e por Vital Moreira[64], ao analisarem a inserção do direito de greve não apenas do ponto de vista constitucional, mas da própria finalidade da greve. Aduzem os juristas que são livres os trabalhadores "na determinação dos motivos, na definição da mensagem e na seleção dos fins da greve, não podendo a lei limitar o âmbito dos interesses defendidos – liberdade de definição dos motivos da greve (nº 2). Uma tão enfática norma não pode deixar margem para dúvidas acerca da ilegitimidade da restrição do direito de greve ao âmbito das relações de trabalho propriamente ditas, sendo um caso raro de proibição expressa de restrições a direitos fundamentais [...] direito de greve não é dirigido apenas à obtenção de vantagens que estejam na disponibilidade de entidades empregadoras (ex.: interesses profissionais), podendo estender-se a domínios em que se recortam interesses completamente distintos, não tendo qualquer fundamento um modelo exclusivamente "laboral" de greve (por exemplo, uma greve de solidariedade para com outros trabalhadores, ou contra um projeto de lei de segurança social); finalmente, o princípio da *auto-regulamentação de interesses* e da *liberdade de luta dos trabalhadores* "abre" ao cidadão-trabalhador a possibilidade de intervir na dinâmica social, defendendo os seus interesses perante os outros grupos e o Estado, independentemente da caracterização material destes interesses como "contratuais" ou "laborais" (por exemplo, uma greve para protestar contra a privatização de uma empresa). Para que uma greve seja legítima quanto aos seus motivos e objetivos, basta que eles tenham a ver, ainda que indiretamente, com os direitos e interesses dos trabalhadores e que não sejam constitucionalmente ilícitos".

Um critério de análise muito interessante é encontrando no direito alemão que tem adotado a chamada teoria da adequação social, idealizada por Hans Welzel. Segundo essa teoria, se um comportamento "a priori" tido como ilícito, for socialmente adequado, ele não será consi-

---

[64] CANOTILHO. José Joaquim Gomes; MOREIRA, Vital. *Constituição da República Portuguesa anotada*. Vol. 1. 1ª ed. São Paulo: RT, 2007. p. 755-756.

derado ilícito e poderá ocorrer[65]. A questão da indeterminação da ideia de "interesses profissionais" trazida pela Lei de Greve, portanto, também poderia ser analisada, no caso concreto, até mesmo por esse enfoque.

A melhor conclusão é a de Amauri Mascaro Nascimento[66], no sentido de que "se é certo que os interesses a defender através da greve são aqueles que assim forem julgados pelos próprios trabalhadores, certo também é que a motivação da greve não pode contrariar a natureza mesma do instituto e a sua definição, como meio de pressão destinado a dar força a uma reivindicação ou a um protesto dos trabalhadores, mediante a paralisação pacífica do trabalho, afastando-se da proteção todo ato conflitivo que não venha a se enquadrar nesses parâmetros".

O problema é que o reconhecimento da abusividade ou não da greve é feito a partir do seu exercício de acordo com a regulamentação conferida pela Lei nº 7.783/89 e, uma vez que a lei não veda, expressamente, movimentos com reivindicações não essencialmente trabalhistas, também não se pode dizer que as greves políticas ou de solidariedade seriam, a rigor, abusivas. Em outras palavras, a estrita redação da lei não as permite, mas também não as proíbe.

É importante notar que, embora não se possa proibi-las, dada a ampla discricionariedade conferida aos trabalhadores pelo artigo 9º da Constituição Federal, é necessário, claro, que se evite a predominância de movimentos desse tipo, sob pena de se incorrer em sua nada recomendável banalização.

De qualquer forma, do ponto de vista constitucional, o alcance da previsão constitucional é inegável.

Daí porque, segundo José Afonso da Silva, "a lei não pode restringir o direito mesmo, nem quanto à oportunidade de exercê-lo nem sobre os interesses que, por meio dele, devam ser defendidos. Tais decisões competem aos trabalhadores, e só a eles"; e conclui o jurista, para quem "os trabalhadores podem decretar *greves reivindicativas*, objetivando a melhoria das condições de trabalho, ou *greves de solidariedade*, em apoio a outras categorias ou grupos reprimidos, ou *greves políticas*, com o fim de conse-

---

[65] GALVÃO, Fernando. *Direito penal: parte geral.* 2ª ed. Belo Horizonte: Del Rey, 2007. p. 229-230.
[66] NASCIMENTO, Amauri Mascaro. *Comentários à lei de greve.* São Paulo: LTr, 1989. p. 33.

guir as transformações econômico-sociais que a sociedade requeira, ou *greves de protestos*"[67].

O Supremo Tribunal Federal já se manifestou nesse sentido, tendo o Ministro Eros Roberto Grau[68] afirmado que a greve "é a arma mais eficaz de que dispõem os trabalhadores visando à conquista de melhores condições de vida. Consubstancia um *poder de fato*; por isso mesmo que, tal como positivado o princípio no texto constitucional [art. 9º], recebe concreção, imediata – sua autoaplicabilidade é inquestionável – como direito fundamental de natureza instrumental". E continua o Ex-Ministro, tratando de sua abrangência, ao afirmar que a própria Constituição "não prevê limitação do direito de greve: a eles compete decidir sobre a oportunidade de exercê-lo e sobre os interesses que devam por meio dela defender. Por isso a lei não pode restringi-lo, senão protegê-lo, sendo constitucionalmente admissíveis todos os tipos de greve: greves reivindicatórias, greves e solidariedade, greves políticas, greves de protesto. Não obstante, os abusos no seu exercício, como, de resto, qualquer abuso de direito ou liberdade, sujeitam os responsáveis às penas da lei [§2º do art. 9º] – lei que, repito, não pode restringir o uso direito. A Constituição [§1º do art. 9º] apenas estabelece que lei definirá os serviços ou atividades essenciais e disporá sobre o atendimento das necessidades inadiáveis da comunidade".

Essa visão também é encontrada em outros países. A esse propósito, informa Stefano Maria Cicconetti[69] acerca de decisão da Corte Constitucional da Itália que, em 1974, entendeu que a greve "vem se configurando como direito individual de exercício coletivo, utilizável não somente com finalidades econômicas, mas também, em última instâncias, políticas, sempre que não seja destinado à subversão da ordem constitucional ou a obstaculizar o normal desenvolvimento das funções dos órgãos representativos".

---

[67] SILVA, José Afonso da. *Curso de direito constitucional positivo*. 20ª ed. São Paulo: Malheiros, 2001. p. 304.
[68] BRASIL. Supremo Tribunal Federal. Tribunal Pleno. Mandado de Injunção nº 712-8 PA. Relator: Ministro Eros Roberto Grau. Brasília, 25.10.2007. Publicado em 31.10.2008.
[69] CICCONETTI, Stefano Maria. Os direitos sociais na jurisprudência constitucional italiana. In. *Direitos fundamentais & Justiça*. Porto Alegre: HS, 2008. p. 99.

A esse propósito Pinkas Flint Blanck[70] opina que as greves de simpatia ou solidariedade podem ser consideradas como *profissionais* se a greve persegue reivindicações ou a defesa de interesses que afetem a profissão, ou quando se trate da reposição de um dirigente sindical amparado pelo foro respectivo, ou de companheiros de trabalho despedidos em massa sem autorização, já que a defesa de interesses profissionais de estende a tudo que atente contra a segurança coletiva do grupo e todas as que se referem ao descumprimento de pactos ou condições de trabalho. E ainda conclui dizendo que não serão profissionais as que tenham influência política ou de qualquer outra ordem alheia a sua finalidade – mais uma vez aparece a baliza da instrumentalidade.

Esse entendimento estaria, inclusive, em harmonia com uma série de situações fáticas que, embora não se assemelhem com a presença de interesses diretamente ligados ao contrato, acabam revelando uma defesa importante dos interesses profissionais. Em diversos setores (transportes, bancários, metalurgia) tem sido muito comum a ocorrência de paralisações não apenas a título de protesto, mas cobrando comportamentos positivos dos empregadores e até mesmo do Estado com relação às questões de segurança dos trabalhadores.

É bom lembrar ainda que vários países incluem a regulamentação das greves de solidariedade ou greves solidárias em suas legislações. No Equador, o Código del Trabajo indica que a greve solidária é aquela que tem por objeto solidarizar-se com greves lícitas de trabalhadores de outras empresas, sendo certo que sua duração não poderá superar três dias consecutivos, ou seja, uma vez transcorrido esse prazo, os trabalhadores devem retornar aos seus postos, sob pena de encerramento dos contratos de trabalho (art. 505 a 506). Na Espanha, a greve de solidariedade é considerada ilegal pelo Real Decreto-ley nº 17 de 1977, salvo quando haja pertinência entre os interesses dos grevistas e dos demais trabalhadores que a adotem (art. 11, 'b').

É certo que menos dúvidas existiriam em nosso sistema, caso tais graves fossem mencionadas ou reguladas na Lei de Greve, assim como já o fizeram as legislações estrangeiras.

---

[70] BLANCK, Pinkas Flint. *Op. cit.* p. 441.

Mas também é bom lembrar que essa amplitude que se passou a conferir à questão não foi isenta de críticas. Celso Ribeiro Bastos[71], por exemplo, entende que uma utilização desarrazoada do direito de greve "pode conduzir empresas à falência, num inequívoco malefício para o próprio empregado, para o empregador e para os interesses públicos em geral. Além do mais, a expressão 'interesses que devam por meio dela defender' é de uma amplitude tamanha a poder abarcar razões inteiramente estranhas a reivindicações de melhorias nas condições de trabalho, para poder assumir pretensões de interferência política não só no comando da própria empresa, como também na política ampla do País".

Adotando-se um entendimento mais restritivo ou ampliativo, o fato é que a defesa dos interesses profissionais deverá ser sempre analisada a partir das circunstancias fáticas delineadas no caso concreto, sempre a partir dos parâmetros conferidos pela razoabilidade, proporcionalidade e pelo bom-senso.

6. Titularidade do direito

Os titulares do direito de greve são os trabalhadores, já que a eles cabe decidir sobre a oportunidade de seu exercício, bem como sobre os interesses que por meio dela serão defendidos.

Mesmo assim, a legitimidade para a instauração da greve é da organização sindical dos trabalhadores, uma vez que se trata de direito de natureza coletiva e porque, segundo a Constituição é ao sindicato que cabe a defesa dos direitos e interesses coletivos ou individuais da categoria, inclusive em questões judiciais ou administrativas (art. 8º, III), bem como pelo fato de que nas negociações coletivas deve haver a participação obrigatória do sindicato profissional (art. 8º, VI).

7. Cargos e funções de confiança

Todos os trabalhadores detém igual titularidade quanto ao direito de greve, ou existe alguma limitação para alguns deles? Como fica a greve em relação aos trabalhadores que ocupam cargos ou funções de confiança?

---

[71] BASTOS, Celso Ribeiro; MARTINS, Ives Gandra. *Comentários à Constituição do Brasil: promulgada em 5 de outubro de 1988.* São Paulo: Saraiva, 1989. p. 538.

A conceituação dos cargos ou funções de confiança é tarefa árdua, pois no atual contexto das organizações empresariais, as denominações atribuídas são as mais diversas possíveis, tais como chefes, gerentes, supervisores, superintendentes, coordenadores, diretores, entre outros. Isso sem contar que, por ser celebrado *intuitu personae*, todo contrato de trabalho pressupõe, logicamente, uma confiança, uma real fidúcia entre os contratantes, devidamente vinculada à figura pessoal de determinado empregado.

Assim, como alerta Délio Maranhão[72] não haveria uma "maneira de elaborar, em tese, um elenco dos cargos que possam ser assim considerados. O que importa é o *relevo* da função, relativamente aos *fins* a que se destina a atividade do empregador". Isso porque existem alguns empregados que exercem cargos nos quais existe uma confiança diferenciada, especial.

As funções de confiança, a partir desse enfoque, seriam aquelas cujo exercício coloque em jogo "a própria existência da empresa, seus interesses fundamentais, sua segurança e a ordem essencial ao desenvolvimento de sua atividade"[73], ou seja, aqueles que "participam dos poderes de gestão ou administração próprios do titular, tais como os de direção, gerência, gestão"[74].

O pessoal de alta direção, na Espanha, por exemplo, são aqueles trabalhadores que exercem poderes inerentes à titularidade jurídica da empresa e relativos aos objetivos gerais da mesma, com autonomia e plena responsabilidade. São as pessoas identificadas com aqueles que desempenham tais funções como os próprios empresários e, portanto, são submetidos a uma relação trabalhista de caráter especial, mas sem estarem excluídos da legislação trabalhista[75].

Com estes parâmetros, pode-se dizer que os cargos ou funções de confiança, são aqueles exercidos por empregados sujeitos a um regime jurídico diferenciado e que desempenham determinadas parcelas de poderes do empregador. São aqueles que se aproximam da própria figura

---

[72] MARANHÃO, Délio; CARVALHO, Luiz Inácio Barbosa. *Direito do trabalho*. 17ª ed. Rio de Janeiro: Fundação Getúlio Vagas, 1993. p. 69.

[73] CUEVA, Mário de La. *Derecho mexicano del trabajo*. Vol. I. México: Editorial Porrua, 1949. p. 434.

[74] MORAES FILHO, Evaristo de; MORAES, Antônio Carlos Flores de. *Introdução ao direito do trabalho*. 8ª ed. São Paulo: LTr, 2000. p. 281.

[75] IGELMO, Alberto José Carro. *Op cit*. p. 567.

do empregador. É o que ocorre na maior parte das legislações estrangeiras, como na Itália, Espanha, França, México e Alemanha, que possuem legislações diferenciadas para tais empregados.

Exemplo muito interessante pode ser encontrada no México, em que a Ley Federal del Trabajo atribui aos detentores de funções de confiança um "trabalho especial", que é regido por regras específicas. Dentre elas dispõe aquela norma que os assim chamados trabalhadores de confiança não poderão integrar os sindicatos dos demais trabalhadores, nem serão levados em consideração nas contagens realizadas para determinar a maioria nos casos de greve (art. 183).

Por todos os apontamentos aqui feitos, verifica-se que não se pode constatar efetivamente uma tensão ou um conflito latente nas relações travadas entre esses trabalhadores e o empregador. Afinal, uma vez que existe uma verdadeira confusão de poderes, os quais são delegados a tais pessoas, não se poderá falar, em princípio, que tais trabalhadores estão verdadeiramente inseridos numa relação conflituosa em que o capital e o trabalho vinculam-se a partir de posições antagônicas (tais empregados, afinal, fazem as vezes do próprio empregador).

Na prática, até pela posição hierárquica diferenciada que ocupam, o que tem ocorrido é um verdadeiro alheamento experimentado por esses trabalhadores que possuem prerrogativas, poderes, faculdades inerentes ao empregador, de modo que, segundo a opinião de Francisco Luciano Minharro[76], "o que proporciona aos empregados subalternos vê-los como elementos estranhos à sua classe. A pouca afinidade de condições de vida e metas sociais divergentes não trazem estímulo para o engajamento dos empregados mais qualificados no sindicato da categoria profissional na qual estão enquadrados os demais obreiros da empresa onde desempenham suas funções. Estes fatores tendem a ser elementos de separação entre estas duas classes de empregados, em que pese seu trabalho seja realizado na mesma empresa, tornando inviável seu agrupamento em um mesmo sindicato. Surge daí o problema do enquadramento sindical dos altos empregados".

Conclui-se, portanto, que os trabalhadores exercentes de cargos de confiança ou alta direção não estão excluídos do direito à greve, até por-

---

[76] MINHARRO. Francisco Luciano. *Cargos de confiança e empregados exercentes de altas funções.* São Paulo: Ícone, 2005. p. 95.

que o próprio artigo 9º da CF não restringe a expressão "trabalhadores", nem vincula o exercício do direito à natureza da função exercida. E onde a própria lei não distingue, não cabe ao intérprete o fazer. Por claro, a Lei nº 7.783/89 também não enveredou (e nem poderia) por esse caminho.

 Todavia, dada a especial condição que detém, é difícil que eventuais reivindicações dessas pessoas encontre correspondência com os demais trabalhadores que estão essencialmente inseridos no regime de subordinação e de desigualdade jurídica em relação ao empregador. Assim, dependendo dos interesses profissionais que venham a ser apresentados, e desde que guardem pertinência com tais profissionais, é plenamente possível, embora cada vez mais escassa, a possibilidade de que os detentores de cargos de confiança adiram à greve.

8. Exercício do direito

O que acertadamente se demonstra, é que a legislação não busca definir o que venha a ser o direito de greve, o que reforça a ideia de que, em sua gênese, se trata de um fato social. Assim, até mesmo partindo-se da transição da natureza delitiva do fenômeno para um direito protegido pelo Estado, é que houve o reconhecimento a nível constitucional da greve, sem limitações, ao menos nesse plano. Dessa forma, caberia à legislação infraconstitucional apenas a regulamentação do exercício desse direito.

 Assim, como cabe à legislação infraconstitucional apenas disciplinar o modo em que será exercido o direito de greve, também é verdade que a validade de seu exercício está condicionada ao preenchimento das hipóteses legais contidas na Lei de Greve.

 Por meio dessa premissa, é possível concluir o seguinte: quanto a sua licitude, a greve poderá ser lícita, quando atendidas as exigências legais; ilícita, quando não foram observadas as prescrições legais. Mais ainda, pois quanto aos limites de seu exercício, a greve poderá ser abusiva, quando cometidos abusos que exorbitem as disposições legais; não abusivas, quando seu exercício se der dentro dos limites traçados pela norma, não ocorrendo quaisquer excessos.

 É importante notar que a adoção da primeira concepção não mais se justifica frente ao atual tratamento constitucional que é conferido ao direito de greve. Assim, seria mesmo uma contradição entender que um direito constitucionalizado poderia ser lícito ou, pior ainda, ilícito. Não pode existir um direito ilícito; o que pode existir é tão somente o exercício abusivo ou não desse direito.

Daí porque o correto, modernamente, é que as greves sejam tratadas como abusivas ou não abusivas, ficando a primeira concepção apenas como um eco distante de um período em que os sistemas jurídicos ainda eram essencialmente individualistas e não muito afeitos às aspirações democráticas.

Art. 2º *Para os fins desta Lei, considera-se legítimo exercício do direito de greve a suspensão coletiva, temporária e pacífica, total ou parcial, de prestação pessoal de serviços a empregador.*

SUMÁRIO
1. Aspecto coletivo da greve
2. Aspecto temporário da greve
3. Tipos de greve
4. O que não é greve?
5. Aspecto subjetivo da greve
6. Grupo econômico trabalhista

COMENTÁRIO

1. Aspecto coletivo da greve

O direito de greve pertence aos trabalhadores, ou seja, a eles é conferido o direito de decidir se paralisam ou não a prestação pessoal de seus serviços ao empregador. Porém, o exercício desse direito é próprio da coletividade de trabalhadores; é um direito individual cujo exercício é coletivo e, sendo assim, também é coletiva a decisão sobre a suspensão do trabalho, ou seja, sobre a deflagração do movimento grevista.

O aspecto coletivo da greve não implica na conclusão de que toda a categoria deve paralisar a prestação de serviços. Igualmente, não existe nenhum critério quantitativo para que se possa enquadrar determinada paralisação como uma manifestação coletiva. Não há na legislação brasileira número máximo, nem mínimo.

Alguns países, por sua vez, optaram por criar critérios quantitativos em seus sistemas, estabelecendo requisitos formais acreditando que, assim, seria mais fácil identificar se a greve possui ou não condições de ser exercida.

O Código del Trabajo do Chile (art. 373), aponta que a greve deverá ser acordada pela maioria absoluta dos trabalhadores da empresa envolvidos na negociação, sendo que, não havendo esse quórum, se entenderá que os trabalhadores aceitaram a última oferta do empregador (art. 373), ou seja, aceitando que, com isso, estaria encerrada, com sucesso, a própria fase de negociação coletiva. Inclusive estabelece a presunção de que não houve efetivamente uma greve se mais da metade dos trabalhadores envolvidos na negociação continuarem trabalhando na empresa (art. 374). Por meio do critério quantitativo, portanto, seria possível aferir que a continuidade do trabalho, por uma maioria, implica em ato incompatível com a greve.

De toda forma, a finalidade do artigo 2º da Lei nº 7.783/89 é de que a greve seja uma manifestação que se desprenda do interesse meramente individual, mas diga respeito a aspectos coletivos que, se não abrangem toda a categoria, ao menos atingem um número importante de trabalhadores, o que revela a manifestação de uma vontade concertada.

Seria mesmo uma situação arriscada identificar uma greve pelo número de trabalhadores, já que, dependendo de cada situação específica "um grande número em uma empresa, pode significar irrelevante adesão em outra"[77], daí porque a análise deve ser feita caso a caso e não por meio de critérios numéricos imutáveis. A solução mais adequada, portanto, seria adotar o critério da proporcionalidade para, a partir daí, identificar-se a manifestação de uma vontade séria e coletiva, ou uma mera insatisfação localizada de poucos trabalhadores.

Poderá dizer respeito a um grupo de empregados, não necessariamente a todos, nem por isso perdendo sua feição coletiva. Essa dimensão coletiva é importante até para conferir proteção aos trabalhadores que a ela aderem. Afinal, a dimensão coletiva é essencial para que não haja configuração de eventual insubordinação pelos trabalhadores, hipótese que seria possível, caso a deflagração tivesse caráter individual e que geraria a penalidade máxima ao trabalhador: a ruptura do contrato por justa causa.

Outro aspecto atualmente importante diz respeito à abrangência do movimento grevista em relação às atividades da empresa. Assim, o simples fato de se tratar de um movimento de índole coletiva não significa, necessariamente, que todos os setores, departamentos e unidades da

---

[77] DUARTE NETO, Bento Herculano. *Op. cit.* p. 66.

empresa devem ser paralisados. Esse raciocínio, num primeiro momento, decorre dos antigos caracteres da relação de trabalho, ou seja, do entendimento de que a prestação de serviços era dirigida diretamente pelo dono do negócio.

Ilustrativamente, remete-se ao antigo contexto do chamado "chão de fábrica" que vigorou de 1750 até 1950, época em que a indústria era o grande setor empregador da força de trabalho, mas que, hoje, se coloca em franca alteração.

Com o advento da sociedade pós-industrial, não apenas houve uma revolução do ponto de vista dos processos de produção, mas, sobretudo das novas formas de organização empresariais, com empresas contando hoje com diversas matrizes e filiais, departamentos e seções. Aliás, hoje a situação é ainda mais marcante, pois com o aceleramento do comércio global, as empresas devem se mostrar competitivas, o que implica na substituição de trabalhadores por máquinas e na dispersão de suas operações – seja por meio de uma rede de fornecedores locais e internacionais – lançando-se em busca de novos mercados, geralmente atuando por meio de subsidiárias, franquias e distribuidores, no intuito e se beneficiarem dessa economia de escala e da expansão das marcas[78].

Obviamente não se pode concluir que em todos esses locais os anseios, agitações e reivindicações sejam idênticos, até porque, embora se trate de um movimento coletivo, o substrato da greve (os trabalhadores) é essencialmente plural, cada um com sua individualidade, opinião e ponto de vista sobre as questões que lhes são postas[79]. Em alguns lugares a pro-

---

[78] STONE, Katherine; ARTHURS, Harry. *Rethinking workplace regulation: beyond the standard contract of employment*. New York: Russel Sage Foundation, 2013. p. 03.

[79] Embora a greve sempre envolva expressões como "grupo", "coletividade", "concertação", "união" e muitas outras que visam conferir um real sentido de unidade e agregação, o fato é que se não existe homogeneidade na sociedade civil, muito menos existirá em relação aos trabalhadores, o que abre a possibilidade concreta de divergências sobre os rumos que a greve deve tomar, ou mesmo se seria, ou não, cabível deflagrar uma greve. Essa desmistificação da homogeneidade já era abordada por Marx e Engels que assim apontam: "Ao contrário da filosofia alemã, que desce do céu para a terra, aqui é da terra que se sobe ao céu. Em outras palavras, não partimos do que os homens dizem, imaginam e representam, tampouco do que eles são nas palavras, no pensamento, na imaginação e na representação dos outros, para depois se chegar aos homens de carne e osso; mas partimos dos homens em sua atividade real, é a partir de seu processo de vida real que representamos também o desenvolvimento dos reflexos e das repercussões ideológicas desse processo vital. E mesmo as fantasmagorias

pensão à deflagração da greve, à insistência nas negociações ou mesmo à retração dos anseios pela ação direta pode ser mais ou menos acentuado que em outros.

É muito comum verificar que determinados trabalhadores vinculados a determinadas atividades ou setores de uma empresa são mais ou menos passivos que seus colegas. E embora inseridos na mesma coletividade existem variados graus de insatisfação, disposição ou conformismo, o que acaba influenciando o movimento como um todo. Assim, não é necessária a paralisação integral, o que é apenas confirmado pelo próprio dispositivo legal que faz expressa referência à suspensão coletiva "total ou parcial".

2. Aspecto temporário da greve

A greve deve ser sempre temporária, pois, caso assim não fosse, haveria o abandono dos postos de trabalho pelos trabalhadores. A exigência desse aspecto temporário é mesmo lógica, pois se a greve é instrumental, ou seja, se tem por finalidade justamente a obtenção de melhores condições de trabalho, não poderá se prolongar indefinidamente ou representar o encerramento do próprio contrato.

Não existe uma contagem mínima e máxima de horas, dias, semanas ou meses em relação à duração da greve. Tratando-se de instrumento, ela deve durar tanto quanto baste para atender as reivindicações dos trabalhadores, ou pelo menos parte delas, por meio da pressão exercida contra o empregador. O importante é que a paralisação seja temporária, ou seja, mesmo "sem ter prazo determinado e podendo prolongar-se por período apreciável, ela não perde sua temporariedade necessária"[80].

É claro que, se o tempo for excessivo, causando prejuízos que fujam do razoável, o Poder Judiciário poderá ser requerido a se pronunciar declarando se a greve é abusiva ou não.

Nada impede, no entanto, que a greve seja deflagrada já com a previsão de seu termo final. Embora nada seja mencionado nesse sentido pela Lei de Greve, nada impede, no entanto, que os próprios trabalhadores já definam, de antemão, qual será seu termo final.

---

existentes no cérebro humano são sublimações resultantes necessariamente do processo de sua vida material, que podemos constatar empiricamente e que repousa em bases materiais" (MARX, Karl; ENGELS, Friedrich. *A ideologia alemã*. Trad. Luis Claudio de Castro e Costa. São Paulo: Martins Fontes, 1998. p. 19).

[80] RUSSOMANO, Mozart Victor. *Op. cit.* p. 549.

A greve também deverá ser pacífica, não sendo permitida a utilização de meios que impliquem em violência às pessoas e bens. Como é notório, não existem direitos absolutos, e mesmo os direitos constitucionais devem ser exercidos em harmonia e respeito a outros direitos, tais como a propriedade privada (art. 5º, XXII) e a integridade das pessoas e seus bens (5º, X, LIV), sem falar na própria dignidade das pessoas naturais e jurídicas (art. 1º, III).

A esse propósito o Código do Trabalho português estabelece que a associação sindical ou a comissão de greve pode organizar piquetes para desenvolverem atividades tendentes a persuadir, por meios pacíficos, os trabalhadores a aderirem à greve, sem prejuízo do respeito pela liberdade de trabalho de não aderente (art. 533º).

3. Tipos de greve

A identificação dos tipos de greve é tarefa difícil, variando muito de acordo como o tipo de abordagem e com os elementos que se tem buscado identificar nos casos concretos. A própria fluidez, espontaneidade, volatibilidade (e até mesmo a falta de controle dos movimentos) cria essa dificuldade.

A doutrina tem classificado as greves em típicas e atípicas. As típicas seriam aquelas que se enquadram no conceito trazido pela lei, ou seja, aquelas nas quais ocorre a suspensão coletiva, temporária e pacífica, total ou parcial, da prestação pessoal de serviços a empregador, ou seja, o próprio enquadramento trazido pelo artigo 2º da Lei de Greve.

Dentro da ideia de greves típicas, identificam-se, os seguintes tipos, a saber: (i) *por tempo determinado*, quando os grevistas já fixam o termo final da greve, ou seja, quanto tempo vai durar a paralisação; (ii) *por tempo indeterminado*, em que não há fixação de prazo para seu término, o que deverá acontecer no decorrer da greve e da própria negociação coletiva; (iii) *total*, em que toda a categoria adere à paralisação; (iv) *parcial*, quando apenas uma parcela da categoria lança mão da paralisação dos serviços, ou seja, somente alguns setores, departamentos, filiais deixam de funcionar. Nesse último caso, a mensuração se dará de acordo com a abrangência dos interesses que a categoria optou por defender, sejam eles localizados ou não.

As greves *políticas* são aquelas em que o atendimento das reivindicações da categoria depende de atos do Estado, geralmente do Poder

Executivo, ou seja, os interesses profissionais estão vinculados à adoção ou modificação de determinadas políticas governamentais (política salarial, política de emprego). Historicamente as chamadas greves gerais em sua quase totalidade continham profundo viés político.

As greves de *solidariedade* são aquelas em que os trabalhadores deflagram a paralisação dos serviços em apoio a interesses de outros trabalhadores, embora seja necessária a existência de uma pertinência entre os interesses, evitando sua banalização e a perda de sua finalidade instrumental de tutela dos interesses da categoria, ainda que o conflito não se dê de forma direta, mas indireta.

As greves *atípicas* são aquelas que embora estejam abrangidas pelos requisitos da Lei de Greve, possuem características particulares que as distinguem das greves típicas, embora seu exercício deva ocorrer segundo os ditames gerais da lei. Dentre as greves atípicas encontram-se: (i) *greve em rodízio ou articulada*, na qual há a redução do ritmo de trabalho, em efeito continuado, pois as paralisações ocorrem "em cadeia", um setor por vez, um departamento por vez; (ii) *greve intermitente*, em que há a paralisação do trabalho de forma coordenada e intercalada, o que não ocorre de forma contínua, mas somente por alguns instantes, horas ou dias, com a posterior volta ao trabalho, afetando a produção cuja retomada fica prejudicada; (iii) *greve concomitante*, cuja organização/articulação costuma ocorrer entre movimentos de várias categorias ou mesmo de unidades federativas distintas, sendo mais comum no serviço público, para aumentar o poder de pressão, sendo que, nesse caso, tal modalidade conta com a organização da Federação ou Confederação, que unifica a pauta de reivindicações junto aos sindicatos[81].

4. O que não é greve?

Existem algumas situações que compreendem atos que, embora não sejam ilícitos, não se enquadram na normatização trazida pela Lei de Greve, ou seja, estão dissociados dos parâmetros objetivos de regulamentação.

Dentre elas, identificam-se (i) *greve de advertência*, pela qual os trabalhadores fazem breve paralisação para avisar o empregador da iminência de um movimento grevista, também sendo conhecida como "indicativo de greve" – na prática, uma ameaça de que uma greve poderá eclodir;

---

[81] CERNOV, Zênia. *Greve de servidores públicos*. São Paulo: LTr, 2011. p. 26.

(ii) *greve de zelo*, em que os trabalhadores não paralisam as atividades, mas se apegam à detalhes e minúcias de tal forma que acabam reduzindo e burocratizando os trabalhos, inviabilizando a própria produção; (iii) *greve de rendimento*, também conhecida como "operação-tartaruga", em que se presta o trabalho, mas de forma totalmente reduzida em qualidade e quantidade; (iv) *greve de horas extras*, em que os trabalhadores se recusam a cumprir horas extras, observando estritamente a jornada de trabalho; (vi) *protesto*, que seria a demonstração pura e simples de insatisfação com alguma situação, mas que, por si só, não é considerado greve, embora possa consistir em um ato preparatório de uma futura greve.

Situação interessante diz respeito aos chamados atos instrumentais à greve, geralmente ocorridos antes ou no curso do movimento grevista, como por exemplo, as passeatas, discursos, reuniões, piquetes, propaganda etc., pois são, em verdade, atos antecedentes ou decorrentes do exercício do direito de greve, e não a greve propriamente dita. Eles compõem e dão forma à greve, mas não são a própria expressão da greve, que é um ato complexo. Mesmo assim, sua prática e eventual amadurecimento, podem resultar em um futuro movimento grevista; daí porque não podem ser simplesmente ignorados pela normativa em questão. Nesse sentido, entende Gino Giugni que uma vez que o ordenamento reconhece o direito de greve, seria incoerente "sob pena de contradizer-se, negar a própria tutela àqueles comportamentos que a experiência mostra estarem estreitamente ligados à possibilidade real de exercício desse direito"[82].

Por outro lado, algumas situações, embora guardem alguns aspectos semelhantes, não podem ser enquadradas na ideia da greve, entre elas a sabotagem invasão/ocupação, boicote, os quais constituem comportamentos evidentemente ilícitos.

A *sabotagem* cujo nome origina-se da palavra "sabot" que se refere ao tradicional tamanco holandês, feito de madeira, remota à prática antiga pela qual os operários utilizavam tais calçados, para danificar o maquinário das fábricas, prejudicando intencionalmente o empregador. Uma vez que pressupõe a violência contra as coisas, e por ser um ato de prejuízo deliberado, intencional, não pode ser considerada greve, até pela vedação contida no §3º do artigo 6º da Lei de Greve.

---

[82] GIUGNI, Gino. *Direito sindical*. Trad. Lúcia Itioka. São Paulo: LTr, 1991. p. 176.

A *invasão/ocupação* do estabelecimento ocorre quando os empregados se recusam a deixar o local de trabalho, ou lançam mão de invasão nas instalações, com o intuito de pressionar o empregador. Geralmente esse comportamento ocorre após a deflagração da greve. Nesse caso, não se pode falar em greve, pois ocorre a violação do direito à propriedade privada, como se esta fosse expropriada pelos trabalhadores, sem contar que também atinge o direito à liberdade individual daqueles que não aderiram à greve e que optaram por continuar a prestação de serviços.

O *boicote* também não é greve. Isso porque tal prática consiste em impedir que o empregador exerça suas atividades sem, contudo, causar prejuízos de índole material ou moral. Como informa Sergio Pinto Martins[83], a boicotagem "remonta a 1880, quando o capitão James Boycott, administrador das propriedades de Lorde Mayo, enfrentou uma oposição dos trabalhadores irlandeses, que para ele não trabalhavam, não compravam seus produtos, nem os vendiam, tendo aquela pessoa que abandonar a cidade. Trata-se, portanto, de uma represália ou de uma guerra econômica por parte dos trabalhadores contra o patrão". Nesse caso, os trabalhadores objetivam atingir a produção da empresa não pela suspensão das atividades, mas induzindo consumidores a não adquirirem bens ou produtos da empresa e mesmo convencendo fornecedores a não abastecerem a empresa.

É importante notar que quando a lei se presta a conceituar e regulamentar uma situação tão complexa e rica como a greve, problemas podem (e certamente poderão) ocorrer. Mais ainda: qualquer lei que pretenda tratar de fenômeno dessa ordem, muito embora necessária para coibir abusos, será reducionista.

A lei é bem abrangente, mas uma vez que se adote a definição do artigo 2º da Lei de Greve ("suspensão coletiva, temporária e pacífica, total ou parcial, de prestação pessoal de serviços a empregador") algumas figuras, num primeiro momento, ficariam excluídas da regulamentação nela contida.

Cite-se, por exemplo, a "operação tartaruga", a "operação padrão" ou "greve de zelo", "greve branca", ou ainda figuras muito atuais como as manifestações contra tomadores de serviços que não são empregadores, pressão dos avulsos contra tomadores dos serviços e contra o órgão gestor

---

[83] MARTINS, Sergio Pinto. *Direito do trabalho*. 20ª ed. São Paulo: Atlas, 2004. p. 858.

de mão de obra, pressões de trabalhadores autônomos etc. O problema é que, mesmo assim, tem-se identificado que, na prática, tais situações vêm invariavelmente ocorrendo no mundo das relações do trabalho.

Na Itália, a própria Lei nº 146/90, que trata da greve nos serviços públicos essenciais (art. 2º) faz expressa referência ao fenômeno da greve não apenas iniciado pelos trabalhadores, mas, ainda, à "abstenção coletiva das prestações, aos fins de protesto ou de reivindicações da categoria, dos trabalhadores autônomos, profissionais ou de pequenos empresários envolvidos com o funcionamento dos serviços públicos essenciais"[84].

De modo que, atualmente, surge uma questão da máxima importância: deve-se alargar ou não o conceito de greve?

Dentre as diversas situações tidas como atípicas a greve de advertência, bem como a "operação tartaruga" ou "greve de zelo", a greve de rendimento e o protesto não implicam na paralisação do serviço, muito menos retiram os trabalhadores de seus postos de trabalho, circunstâncias que vão de encontro às disposições do artigo 2º da Lei de Greve.

Assim, tratam-se mais de manifestações de insatisfação do que greves juridicamente consideradas. É claro que tais manifestações podem ser o estágio primitivo de um futuro movimento grevista, mas uma vez restritas às suas próprias nomenclaturas, não se enquadram na hipótese legal.

Ocorre, porém, que não se pode ignorar a abrangência do comando do artigo 9º da Constituição Federal que assegura "o direito de greve, competindo aos trabalhadores decidir sobre a oportunidade de exercê-lo e sobre os interesses que devam por meio dele defender", ao menos do ponto de vista constitucional, também se poderá qualificar, ainda que não exatamente enquadradas na Lei de Greve, algumas manifestações como o exercício do direito fundamental de greve.

Afinal, se tais comportamentos objetivam, também, lançar mão de meios de pressão contra o empregador, para atingir determinado intento, e se são capazes e afetar o processo produtivo forçando o empregador a negociar também estariam inseridos no conceito do artigo 2º da Lei de Greve.

---

[84] GALANTINO, Luisa. "A greve e a abstenção coletiva de trabalho no âmbito dos serviços públicos essenciais". In FREDIANI, Yone; ZAINAGHI, Domingos Sávio. *Relações de Direito Coletivo Brasil-Itália*. São Paulo: LTr, 2004. p. 100.

É claro que a abrangência e as próprias brechas trazidas pelo artigo 9º da Constituição Federal não pode ser invocado para chancelar comportamentos abusivos, tais como os movimentos isolados, ou práticas que impliquem em violência ou ataques ao empregador, sob pena de se subverter o aspecto coletivo e instrumental da greve, até para que se evite a banalização do fenômeno.

Não se pode ignorar, também, que se tratam de comportamentos mais arriscados já que, uma vez que se entenda que não se enquadram na Lei de Greve, existe o risco de que aqueles que praticam tais comportamentos venham a ser penalizados por meio da utilização do poder de direção patronal, notadamente de sua vertente disciplinar, podendo estar sujeitos às sanções que vão desde uma advertência, até suspensão ou dispensa por justa causa, por eventual enquadramento nas hipóteses do artigo 482 da CLT.

Daí porque em cada caso concreto os trabalhadores devem avaliar os riscos e possibilidades de lançar mão de medidas que podem ou não, num primeiro momento, ser enquadradas como greve, bem como a própria capacidade dos interessados em iniciar e sustentar esse fenômeno, que para todos pode se tornar muito custoso. Tudo vai depender da capacidade do movimento de cativar a coletividade, que como bem se sabe, pode ser facilmente manipulada[85] e volúvel, bem como pela legitimidade daquilo que se pretende defender.

5. Aspecto subjetivo da greve

A suspensão dos serviços envolve a existência de uma relação de emprego, ou seja, de um lado deve existir o empregador que é a empresa, individual ou coletiva que, assumindo os riscos da atividade econômica, admite, assalaria e dirige a prestação pessoal de serviço (art. 2º, CLT); de outro, o empregado que é a pessoa física que prestar serviços de natureza não eventual a empregador, sob a dependência deste e mediante salário (art. 3º, CLT).

---

[85] Pode-se constatar que "ao longo da história, as massas são seduzidas, manipuladas, conduzidas sem se darem conta, pelas estratégias ideológicas do capital, que por intermédio de suas instituições de comunicação de massa dominam a consciência do povo pela via da fantasia, da manipulação das suas necessidades e paixões, isto é, pela produção de desejos" (ROSSLER, João Henrique. *Sedução e alienação no discurso construtivista*. Campinas: Autores Associados, 2006. p. 261).

Portanto, o exercício do direito de greve é assegurado àquele trabalhador que presta serviços em regime de subordinação, o que excluiu o autônomo, mas também poderá ser exercido pelo trabalhador avulso, que em relação a seus direitos está em pé de igualdade com o trabalhador que mantém vínculo empregatício, conforme interpretação do inciso XXXVI, do artigo 7º da Constituição.

6. Grupo econômico trabalhista

Como fica a questão da greve dentro do grupo econômico?

A Lei nº 6.404/76 (Lei das Sociedades por Ações) não trata especificamente sobre o grupo de empresas, mas dispõe que a sociedade controladora e suas controladas podem constituir grupo de sociedades, mediante convenção pela qual se obriguem a combinar recursos ou esforços para a realização dos respectivos objetos, ou a participar de atividades ou empreendimentos comuns (art. 265). Também dispõe que a sociedade controladora, ou de comando do grupo, deve ser brasileira, e exercer, direta ou indiretamente, e de modo permanente, o controle das sociedades filiadas, como titular de direitos de sócio ou acionista, ou mediante acordo com outros sócios ou acionistas (§1º, do art. 265).

No Direito do Trabalho a abordagem é diferente.

O grupo econômico trabalhista está previsto na CLT, a qual dispõe que sempre que uma ou mais empresas, tendo, embora, cada uma delas, personalidade jurídica própria, estiverem sob a direção, controle ou administração de outra, constituindo grupo industrial, comercial ou de qualquer outra atividade econômica, serão, para os efeitos da relação de emprego, solidariamente responsáveis a empresa principal e cada uma das subordinadas (§2º, do art. 2º).

A propósito da natureza do vínculo entre as empresas integrantes do grupo, para alguns juristas, a previsão legal deve ser literalmente observada. Portanto, sob esse entendimento "a relação entre as empresas componentes de grupo econômico é sempre de dominação, o que supõe uma empresa principal ou controladora e uma ou várias empresas controladas"[86] – seria o grupo por dominação, ou grupo vertical.

---

[86] MAGANO, Octávio Bueno. *Manual de direito do trabalho: direito individual do trabalho*. Vol. II. 3ª ed. São Paulo: LTr, 1992, p. 80.

Todavia, embora o texto indique acerca da existência de "direção, controle ou administração" entre as empresas tais exigências vem sendo relativizadas pela doutrina e pela jurisprudência, quando da caracterização do moderno grupo econômico para fins trabalhistas. Assim, tem-se atribuído ao grupo um aspecto mais amplo do que aquele que é trazido pela insuficiente definição conferida pelo artigo em questão, de modo que bastaria que se identificasse a existência de uma mera relação de coordenação, revelando interesses comuns ou orientação empresarial comum – seria o grupo por coordenação, ou grupo horizontal. Essa ideia tem amparo na própria Lei das Sociedades Anônimas que já dispunha sobre a constituição do grupo como forma de combinar recursos ou esforços para a realização dos respectivos objetos, ou a participar de atividades ou empreendimentos comuns (art. 265).

Essa posição parece ser a mais acertada. Isso porque, para o Direito do Trabalho a noção de grupo econômico dispensa as formalidades próprias do Direito Comercial. Para fins trabalhistas basta que se comprove a existência de elementos de "integração interempresarial"[87].

A partir dessa ideia, que vem encontrando ampla acolhida nos Tribunais, o grupo econômico para fins justrabalhistas pode ser identificado tanto no grupo empresarial composto por empresas subordinadas a uma empresa principal (também denominada empresa-mãe) em que fica evidente a hierarquia entre essas empresas, ou mesmo naqueles em que existe uma mera coordenação entre as empresas componentes do grupo, com objetivos e propósitos comuns, mas sem interferência de uma na gestão da outra.

Aliás, nessa linha, verifica-se que a própria Lei nº 5.889/73, conhecida como Lei do Trabalhador Rural, dispunha que sempre que uma ou mais empresas, embora tendo cada uma delas personalidade jurídica própria, estiverem sob direção, controle ou administração de outra, ou ainda quando, mesmo guardando cada uma sua autonomia, integrem grupo econômico ou financeiro rural, serão responsáveis solidariamente nas obrigações decorrentes da relação de emprego.

Não se pode esquecer, também, o comando do artigo 5º da Lei de Introdução ao Código Civil ao estabelecer que o magistrado na aplicação da lei atenderá aos fins sociais a que ela se dirige, bem como às exigências

---

[87] DELGADO, Maurício Godinho. Op. cit. p. 398.

do bem comum. Pois bem, se a finalidade das normas trabalhistas que tratam do grupo econômico (§2º do art. 2º da CLT e §2º do art. 3º da Lei nº 5.889/73) é justamente proteger os direitos do trabalhador contra os mais variados aspectos que a concentração econômica pode assumir[88], natural que se acolha a maior amplitude de configuração do grupo, para atingir os fins do Direito do Trabalho.

A partir dessa ótica, claramente harmônica com a complexidade societária que a prática societária moderna destina à formação dos grupos de empresas, admite-se, a configuração do grupo econômico não apenas por dominação, mas também por coordenação.

Com o reconhecimento do grupo econômico, surge a responsabilidade solidária das empresas pelo pagamento das verbas trabalhistas do empregado, solidariedade esta que sempre deve decorrer da lei ou da vontade das partes, conforme previsão do Código Civil (art. 265). Ou seja, a responsabilidade pelas obrigações trabalhistas, de empresas pertencentes ao mesmo grupo econômico, será de qualquer uma destas empresas, solidariamente.

Efetivamente, cada empresa do grupo é autônoma em relação às demais, mas o empregador real é o próprio grupo, vale dizer, o grupo econômico enseja solidariedade ativa e passiva (solidariedade dual), entre os seus integrantes, formando o chamado empregador único.

Tal entendimento está sedimentado na Súmula 129 do TST, que preceitua que a prestação de serviços a mais de uma empresa do mesmo grupo econômico, durante a mesma jornada de trabalho, não caracteriza a coexistência de mais de um contrato de trabalho, salvo ajuste em contrário.

Essa posição consagra a aplicação de algumas premissas em relação ao grupo econômico, entre elas o princípio da proteção[89] e a despersonalização do empregador[91].

---

[88] Süssekind, Arnaldo. MARANHÃO, Délio. VIANNA, Segadas. *Instituições de Direito do Trabalho*. Vol. I. 13ª ed. São Paulo: LTr, 1993. p. 283.

[89] Para Américo Plá Rodriguez o princípio da proteção "se refere ao critério fundamental que orienta o Direito do Trabalho, pois este, ao invés de inspirar-se num propósito de igualdade, responde ao objetivo de estabelecer um amparo preferencial a uma das partes: o trabalhador. Enquanto no direito comum uma constante preocupação parece assegurar a igualdade jurídica entre os contratantes, no Direito do Trabalho a preocupação central parece ser a de proteger uma das partes com o objetivo de, mediante essa proteção, alcançar-se uma igual-

Assim, para fins da aplicação da normativa trabalhista, como bem exposto por José Martins Catharino[91] "mais importante é a universalidade das pessoas integradas no complexo empresário. A organização do trabalho, compreendendo sua direção e sua execução, para produção de bens ou serviços para o mercado. E, por assim ser, é inequívoca a tendência legal de se considerar a empresa sujeito de direitos e obrigações trabalhistas".

Buscando-se o ponto de contato dessa especial figura trabalhista com a greve, é muito natural que os interesses profissionais dos trabalhadores digam respeito não apenas às questões meramente verticais entre seu empregador imediato e os contratos de trabalho. Tais interesses podem alcançar situações ocorridas nas demais empresas que compõe o grupo, ou mesmo que digam respeito a eventuais discordâncias com determinadas práticas ou políticas adotadas pelo grupo, ainda que isso não gere reflexos imediatos nos contratos de trabalho mantidos com uma ou outra empresa.

Esse impacto, de forma geral, prescinde da vontade daqueles que por ele são afetados. Para Ken Goffman e Dan Joy[92], as forças globais, na busca da integração de seus interesses empresariais acabam sendo mesmo

---

dade substancial e verdadeira entre as partes" (RODRIGUEZ, Américo Plá. *Princípios de direito do trabalho*. Trad. Wagner D. Giglio. 3ª ed. São Paulo: LTr, 2000. p. 83).

[90] A esse propósito observa Marcus Vinícius Americano da Costa que não se deve perder de vista que a despersonalização do empregador "foi deflagrada por razões de natureza econômica, a exemplo do aperfeiçoamento dos instrumentos de produção e do sofisticado mecanismo da Sociedade Anônima como a 'mola mestra' da empresa capitalista contemporânea, e fizeram com que paulatinamente surgissem profundas modificações na estrutura das empresas, peculiarmente as grandes empresas, culminando com a degenerescência do contato direto e pessoal do empregador, o qual foi aos poucos afastando-se do local da trabalho", sendo que, "não obstante a presença visível de fatores de ordem econômica determinando o fenômeno da despersonalização do empregador, que as dificuldades em se conceber paralela e simultaneamente personalidade à empresa, são a princípio, de natureza eminentemente jurídica, fruto do poder de criatividade conferido à lei, pois no caso vertente, somente ela, considerada também como expressão da cultura em sentido amplo (lato sensu), poderá transpor a vigente conjuntura social para adequar-se ao mundo jurídico" (COSTA, Marcus Vinícius Americano da. *Grupo empresário no direito do trabalho*. 2ª ed. São Paulo: LTr, 2000. p. 72-73).

[91] CATHARINO, José Martins. *Compêndio de direito do trabalho*. 2ª ed. São Paulo: Saraiva, 1981. p. 108.

[92] GOFFMAN, Ken; JOY, Dan. *Contracultura através dos tempos: do mito de Prometeu à cultura digital*. Trad. Alexandre Martins. Rio de Janeiro: Ediouro, 2007. p. 394.

excludentes "criando um sistema fechado em que as escolhas e oportunidades do indivíduo são capturadas em uma rede de bases de dados empresariais que não pode ser contestada".

Portanto, uma vez que se entenda que o Direito do Trabalho consagra a ideia do grupo econômico como empregador único, é possível, do ponto de vista subjetivo, a deflagração de um movimento grevista no âmbito do grupo econômico, especialmente se houver pertinência quanto aos interesses profissionais que os trabalhadores pretendam defender.

Art. 3º   Frustrada a negociação ou verificada a impossibilidade de recursos via arbitral, é facultada a cessação coletiva do trabalho.

Parágrafo único. A entidade patronal correspondente ou os empregadores diretamente interessados serão notificados, com antecedência mínima de 48 (quarenta e oito) horas, da paralisação.

Sumário
1. Negociação coletiva
2. Convenção coletiva de trabalho
3. Via arbitral
4. Pré-aviso da greve
5. Exceção do contrato não cumprido
6. Comunicação aos usuários

Comentário

1. Negociação coletiva

A greve está diretamente ligada à negociação coletiva.

A deflagração da greve é considerada uma forma extrema de defesa dos direitos da categoria. Assim, sua utilização não pode ser considerada como instrumento primeiro na ocorrência de um conflito de trabalho; ela é sempre o recurso derradeiro, nunca o inicial.

A Lei de Greve, como a grande maioria das legislações sobre a greve, dispõe que é necessário que tenha havido uma negociação prévia entre as partes a qual, uma vez frustrada, autoriza a deflagração da greve. A frustração da negociação deve ser séria, não bastando uma mera negativa ou abandono das conversas por determinada parte. A conciliação deve ser buscada sempre, à exaustão.

Sobre a negociação coletiva, segundo Segadas Vianna[93], ela pode ser "singelamente definida como o processo democrático de autocomposição de interesses pelos próprios atores sociais, objetivando a fixação de condições de trabalho aplicáveis a uma coletividade de empregados de determinada empresa ou de toda uma categoria econômica e a regulação das relações entre as entidades estipulantes. A negociação coletiva é, assim, um processo dinâmico de busca do ponto de equilíbrio entre interesses divergentes capaz de satisfazer, transitoriamente, as necessidades presentes dos trabalhadores e de manter equilibrados os custos de produção. Negociar significa, acima de tudo, disposição de discutir em torno de certos temas com o objetivo de chegar a um consenso, a um ponto de convergência".

A Convenção nº 154 da OIT indica que a expressão *negociação coletiva* compreende todas as negociações que tenham lugar entre, de uma parte, um empregador, um grupo de empregadores ou uma organização ou várias organizações de empregadores, e, de outra parte, uma ou várias organizações de trabalhadores, com fim de: a) fixar as condições de trabalho e emprego; b) regular as relações entre empregadores e trabalhadores; ou c) regular as relações entre os empregadores ou suas organizações e uma ou várias organizações de trabalhadores, ou alcançar todos estes objetivos de uma só vez.

A negociação coletiva deve ser pautada por algumas diretrizes. As partes devem agir de boa-fé, orientando-se segundo os deveres de lealdade e transparência; é essencial, portanto, que se analise, no caso concreto, se as partes agiram segundo os ditames da boa fé objetiva, ou seja, se houve um comportamento ético, firme, razoável e transparente dos participantes. Também se deve garantir a segurança dos negociadores, de modo que todos possam se expressar livremente e, também, deve haver disciplina e respeito mútuos, não se agindo com violência ou indisciplina. Ao sindicato, portanto, é necessário que possa comprovar que tentou empreender conversações com o empregador ou com a comissão de trabalhadores, seja por meio de reuniões, mesas-redondas, correspondências etc.

---

[93] SÜSSEKIND, Arnaldo; MARANHÃO, Délio; VIANNA, Segadas. *Instituições de direito do trabalho*. Vol. II. 13ª ed. São Paulo: LTr, 1993. p. 1044.

O Código del Trabajo chileno tipifica algumas condutas que são consideradas desleais, pelo empregador, tais como a negativa em receber os representantes dos trabalhadores para negociar ou forçar a substituição dos mesmos; deixar de prestar as informações que embasem as argumentações das partes; atos que revelem má-fé na negociação ou que impeçam seu desenvolvimento; exercer força física nas coisas ou pressionar física ou moral as pessoas quaisquer práticas que dificultem ou impossibilitem a negociação (art. 387). Pelo empregado, também é vedado o uso de força física ou a adoção de pressão e de práticas que revelem má-fé na negociação ou que impeçam seu desenvolvimento, bem como a divulgação a terceiros de documentos ou informações que tenham recebido do empregador e que tenham caráter confidencial ou reservado (art. 388). Todas as condutas são punidas com multa, sem prejuízo de eventual responsabilização penal (art. 390). Todas essas situações podem ser aplicadas no caso brasileiro, eis que muito bem ilustrativas.

Ressalte-se que, no Brasil, a celebração do acordo final não é uma obrigação, mas uma vez que sejam convocados, os sindicatos representativos de categorias econômicas ou profissionais e as empresas, inclusive as que não tenham representação sindical, não podem recusar-se à negociação coletiva (art. 616, CLT).

A Orientação Jurisprudencial nº 11, da Secretaria de Dissídios Coletivos, do Tribunal Superior do Trabalho já previa que é abusiva a greve levada a efeito sem que as partes tenham tentado, direta e pacificamente, solucionar o conflito que lhe constitui o objeto.

E tal exigência não ocorre sem motivo, pois a experiência demonstra que a obtenção da solução a partir das próprias partes envolvidas no conflito é, sem dúvida, a mais apropriada e legítima, tanto que, a esse propósito, Antonio Carlos Aguiar[94] aponta que "o mecanismo legal e apropriado de equilíbrio capaz de ajustar e conformar essas novéis vertentes, como uma espécie de mantra (no tantrismo, fórmula encantatória que tem o poder de materializar a divindade invocada), sem dúvida alguma, é a *negociação coletiva de trabalho*, dada a sua natureza dúctil, veloz e, principalmente, particular na obtenção de soluções ideais, na medida em que os próprios interessados, os agentes de conformação de interesses, viabilizam as alternativas".

---

[94] AGUIAR, Antonio Carlos. *Negociação coletiva de trabalho*. São Paulo: Saraiva, 2011. p. 15.

Mais ainda, a negociação coletiva de trabalho consagra um dos primados mais importantes do ordenamento jurídico brasileiro e da própria democracia: o pluralismo[95]. Afinal, logo no Preâmbulo da Constituição Federal, verifica-se que o Estado Democrático de Direito visa assegurar o exercício dos direitos sociais e individuais, a liberdade, a segurança, o bem-estar, o desenvolvimento, a igualdade e a justiça como valores supremos de uma sociedade fraterna, pluralista e sem preconceitos, fundada na harmonia social e comprometida, na ordem interna e internacional, com a solução pacífica das controvérsias. O pluralismo político vem insculpido no artigo 1º da Constituição Federal, como um dos fundamentos republicanos, mas também é mencionado pelo artigo 206, no qual se estabelece que o ensino será ministrado com base em determinados princípios, entre eles, o pluralismo de ideias e de concepções pedagógicas, e coexistência de instituições públicas e privadas de ensino (inciso III).

---

[95] É conhecida, a esse propósito, a ideia lançada por Peter Häberle, para quem o povo não é apenas um destinatário das normas constitucionais, mas um verdadeiro intérprete da constituição, eis que a vive diariamente e é sobre essa compreensão que os direitos fundamentais devem ser entendidos. Nesse sentido, bem lançada é a observação de Antonio Carlos Aguiar para quem tais direitos "integram essa disposição de conformação quando estabelecem bases sociais mínimas para convívio e estipulação de garantias fundamentais calcadas, além do direito à vida, na liberdade de consciência e outras garantias civis, no direito de subsistência e outros similares, na dignidade da pessoa humana, na igualdade, na paz e em outros valores ético-políticos que dão uma resposta axiológica à tutela de direitos, que passam a ser fundamentais e assim inibem o estabelecimento de uma anomia generalizada advinda de um processo mutante sem controle" (AGUIAR, Antonio Carlos. *Negociação coletiva de trabalho*. São Paulo: Saraiva, 2001. p. 15). Mas também não se pode esquecer que o pluralismo pressupõe um elevado grau de amadurecimento democrático da sociedade, pois exatamente "por causa da pretensão inerente aos vários grupos hegemônicos, uma sociedade pluralista só pode subsistir, enquanto sociedade pluralista, se for, também, uma sociedade tolerante. Pois somente em uma sociedade tolerante é possível a coexistência de projetos distintos sobre realizar a vida boa e, mais que isto, somente em uma tal sociedade é possível que tais projetos se atualizam na maior medida possível. O pluralismo, não é de fato, uma mera coexistência de concepções divergentes, mas uma convivência desses projetos, realizados e atualizados da melhor forma exequível. Se um projeto não puder ser realizado de forma alguma, por limitações impostas pelo grupo que assume o poder central, então os projetos minoritários são fadados a desaparecerem, e com eles o próprio pluralismo" (GALUPPO, Marcelo Campos. "Hermenêutica Constitucional e Pluralismo". In: SAMPAIO, José Adércio Leite; CRUZ, Álvaro Ricardo de Souza e (Coord.) *Hermenêutica e Jurisdição Constitucional: Estudos em homenagem ao professor José Alfredo de Oliveira Baracho*. Belo Horizonte: Del Rey, 2001. p. 53).

Uma das formas que a Lei adotou para balizar, de forma mais segura, o procedimento negocial foi a instituição da chamada data-base[96] na qual a negociação deve ser concluída, até como consequência do quanto disposto no artigo 616, da CLT, segundo o qual os sindicatos representativos de categorias econômicas ou profissionais e as empresas, inclusive as que não tenham representação sindical, quando provocados, não podem recusar-se à negociação coletiva. Via de regra, nos termos constitucionais, a negociação caberá ao sindicato até porque sua participação é obrigatória (art. 8º, VI), notadamente nesse caso, onde há especial interesse da categoria.

O artigo 3º da Lei de Greve demonstra uma intenção inegável: busca-se, de todas as formas possíveis, que se chegue à solução do conflito, não existindo nem mesmo restrições quanto às instâncias que podem ser acionadas para prestar auxílio. Assim, pelos termos da lei, pode-se verificar a possibilidade de várias vias de negociação.

Aliás, a CLT já estabelecia a possibilidade de mediação pelas Delegacias Regionais do Trabalho (§1º, do art. 616), hoje denominadas Secretaria de Relações do Trabalho – SRT[97], órgãos administrativos vinculados ao Ministério do Trabalho e Emprego – MTE. O Ministério Público do Trabalho e os Tribunais Regionais do Trabalho também tem se demonstrado muito sensíveis e colaborativos para a resolução dessas questões.

É claro que a negociação coletiva, até por sua natureza consensual, somente tem capacidade de chegar até determinado ponto, pois, como o próprio nome diz, pressupõe a vontade das partes em negociar.

---

[96] Não existe nenhuma previsão constitucional sobre a data base, mas trata-se de exemplo típico dos usos e costumes que foram positivados pela legislação. Sua origem remonta aos idos da década de 80 e 90, em que a inflação galopante corroía os salários. Cite-se como exemplo o artigo 4º, da Lei 6.708\79, no Governo de João Figueiredo, que tratava da correção automática dos salários, segundo o qual "A contagem de tempo para fins de correção salarial será feita a partir da data-base da categoria profissional".

[97] As antigas Delegacias Regionais do Trabalho (DRT) atualmente denominam-se Superintendências Regionais do Trabalho e Emprego (SRTE), que são unidades descentralizadas subordinadas diretamente ao Ministro de Estado, às quais compete a execução, supervisão e monitoramento de ações relacionadas a políticas públicas afetas ao Ministério do Trabalho e Emprego na sua área de jurisdição, especialmente as de fomento ao trabalho, emprego e renda, execução do Sistema Público de Emprego, as de fiscalização do trabalho, mediação e arbitragem em negociação coletiva, melhoria contínua nas relações do trabalho, e de orientação e apoio ao cidadão, observando as diretrizes e procedimentos emanados do Ministério.

Daí porque o esgotamento da via negocial deve ser analisado caso a caso, podendo ser identificado até mesmo no início do conflito, nos casos, por exemplo, em que se constata a intransigência de uma das partes em negociar a partir das peculiaridades do caso concreto. Ou seja, o que vale é analisar a real intenção das partes, para aferição de eventual fracasso nas negociações, não uma análise segmentada de atos negociais.

Nesse sentido, o Tribunal Superior do Trabalho já entendeu que se tornaria mesmo inviável a negociação coletiva quando o empregador, de plano, já lança mão de atos que revelam sua recusa clara no cumprimento de determinada obrigação, como no caso de não concessão de reajuste salarial estabelecido à categoria, ou mesmo da não concessão de um benefício ou vantagem em favor da categoria, situação que conduz à presunção de que já fracassada a negociação coletiva, de modo que não ostenta sentido lógico exigir nova negociação coletiva como requisito para a deflagração da greve com essa motivação[98]. O fracasso da negociação coletiva também pode ser constatado a partir de condutas do empregador que demonstrem a falta de disposição em manter conversações com o sindicato, a ausência de respostas ou satisfações em relação a comunicados, solicitações ou correspondência enviados pelo sindicato, ou mesmo a própria recusa em recebê-los, o questionamento puro e simples da legitimidade e/ou do enquadramento sindical, enfim atos que demonstrem a criação de embaraços e obstáculos para o desenvolvimento de uma negociação coletiva[99].

2. Convenção coletiva de trabalho

O objetivo da negociação coletiva é a celebração do acordo ou da convenção coletiva de trabalho[100], instrumento que, para Orlando Gomes "foi a

---

[98] BRASIL. Tribunal Superior do Trabalho. Seção Especializada em Dissídios Coletivos. Recurso Ordinário nº 2011500-04.2010.5.02.0000. Relator: Ministro Márcio Eurico Vitral Amaro. Brasília, 12.08.2013. Publicado em 16/08/2013.

[99] BRASIL. Tribunal Superior do Trabalho. Seção Especializada em Dissídios Coletivos. Recurso Ordinário nº 385-86.2012.5.15.0000. Relator: Ministro Márcio Eurico Vitral Amaro. Brasília, 12.08.2013. Publicado em 16/08/2013.

[100] O art. 611, da CLT dispõe que a convenção coletiva de trabalho é o acordo de caráter normativo, pelo qual dois ou mais Sindicatos representativos de categorias econômicas e profissionais estipulam condições de trabalho aplicáveis, no âmbito das respectivas representações, às relações individuais do trabalho.

instituição que, pela primeira vez, permitiu aos trabalhadores influir, real e positivamente, na determinação das condições de trabalho"[101].

A Recomendação nº 91 da OIT estabelece que a convenção coletiva compreende todo acordo escrito relativo às condições de trabalho e de emprego, celebrado entre um empregador, um grupo de empregadores ou uma ou várias organizações de empregadores, por uma parte e, por outra uma ou várias organizações representativas de trabalhadores ou, em sua ausência, representantes dos trabalhadores interessados devidamente eleitos e autorizados por estes últimos, de acordo com a legislação nacional.

O processo pelo qual se concebe a negociação coletiva objetiva a celebração do acordo ou da convenção coletiva de trabalho. Pode-se dizer, assim, que a convenção coletiva ou o acordo coletivo de trabalho são o produto da negociação coletiva.

3. Via arbitral

A arbitragem foi instituída como forma alternativa e optativa de resolução dos conflitos coletivos, estabelecendo a Constituição Federal que frustrada a negociação coletiva, as partes poderão eleger árbitros (§1º, do art. 114). Como se viu, o direito de greve está umbilicalmente ligado à negociação coletiva e faculta às partes a eleição de árbitros, ou seja, terceiros, que auxiliarão na resolução do conflito.

A OIT, em 1959, editou a Recomendação nº 92, segundo a qual deverão ser estabelecidos organismos de conciliação voluntária de conflitos, apropriados às condições nacionais, com o objetivo de contribuir para a prevenção e a solução dos conflitos entre empregadores e trabalhadores. Nessa mesma esteira também estabelece que se um conflito for submetido à arbitragem, com o consentimento de todas as partes interessadas, deverá estimular-se às partes para que se abstenham de recorrer à greve e ao "lock-out", enquanto dure o procedimento de arbitragem e para que aceitem o laudo arbitral. A Recomendação também deixa claro que nenhuma de suas disposições pode ser interpretada em prejuízo do direito de greve.

Confirmando a posição da OIT pelo grande valor conferido à via arbitral, editou-se a Convenção nº 154, em 1981, que trata do fomento da

---

[101] GOMES, Orlando. *A convenção coletiva de trabalho.* São Paulo: LTr, 1995. p. 31.

negociação coletiva, e enuncia que as disposições contidas em seu texto não obstam a operação de sistemas de relações industriais em que a negociação coletiva se desenvolve na infraestrutura de mecanismos ou instituições de conciliação e/ou arbitragem, dos quais participam voluntariamente as partes do processo de negociação coletiva.

Nesse aspecto, vale observar a opinião de Márcia Flávia Santini Picarelli[102], para quem a arbitragem voluntária "é por excelência a forma mais democrática por nascer da decisão das partes; todavia, o mesmo caráter não se pode atribuir à arbitragem compulsória, quase sempre estabelecida pelo legislador ou autoridade administrativa. Mais extrema ainda é a solução jurisdicional. Nesta o árbitro não é escolhido livremente pelas partes para afirmar a vontade concreta da lei, e sim é imposto às partes pelo Estado para afirmar e atuar segundo a vontade concreta da lei. O compromisso maior do árbitro na arbitragem é com as partes enquanto que o compromisso maior do magistrado na solução jurisdicional é com a ordem pública".

No Brasil, ainda não existe nenhuma lei que trate especificamente da arbitragem no Direito do Trabalho. Assim, até por questão de omissão legislativa (art. 8º, da CLT), abre-se a possibilidade de aplicação subsidiária da Lei nº 9.307/96 (Lei de Arbitragem) segundo a qual as pessoas capazes de contratar poderão valer-se da arbitragem para dirimir litígios relativos a direitos patrimoniais disponíveis (art. 1º).

A própria enunciação contida na Lei de Arbitragem já causa problemas, pois há um consenso de que os direitos trabalhistas são indisponíveis e irrenunciáveis, na medida em que se considera a ausência de equilíbrio na relação entre empregado e empregador. Ou seja, o problema se dá por conta do contexto em que se desenvolve a relação de trabalho, qual seja a subordinação jurídica.

Assim, a utilização da arbitragem, tal como concebida pela Lei nº 9.307//96, estaria reservada a outros campos do Direito, nos quais haveria razoável equivalência de poder entre as partes envolvidas, mostrando-se, contudo, sem adequação, segurança, proporcionalidade e razoabilidade, além de conveniência, no que diz respeito ao âmbito das relações individuais laborativas. Por essa interpretação, portanto, somente seria admiti-

---

[102] PICARELLI, Márcia Flávia Santini. *A Convenção Coletiva de Trabalho*. São Paulo: LTr, 1986. p. 135.

da no âmbito das relações coletivas de trabalho, nas quais a participação da entidade sindical assegura um esperado equilíbrio de forças entre o capital e o trabalho.

A jurisprudência do TST é pacífica em relação ao tema, isso porque "nos dissídios coletivos, os sindicatos representativos de determinada classe de trabalhadores buscam a tutela de interesses gerais e abstratos de uma categoria profissional, como melhores condições de trabalho e remuneração. Os direitos discutidos são, na maior parte das vezes, disponíveis e passíveis de negociação, a exemplo da redução ou não da jornada de trabalho e de salário. Nessa hipótese, como defende a grande maioria dos doutrinadores, a arbitragem é viável, pois empregados e empregadores têm respaldo igualitário de seus sindicatos. No âmbito da Justiça do Trabalho, em que se pretende a tutela de interesses individuais e concretos de pessoas identificáveis, como, por exemplo, o salário e as férias, a arbitragem é desaconselhável, porque outro é o contexto: aqui, imperativa é a observância do princípio protetivo, fundamento do direito individual do trabalhador, que se justifica em face do desequilíbrio existente nas relações entre trabalhador – hipossuficiente – e empregador. Esse princípio, que alça patamar constitucional, busca, efetivamente, tratar os empregados de forma desigual para reduzir a desigualdade nas relações trabalhistas, de modo a limitar a autonomia privada. Imperativa, também, é a observância do princípio da irrenunciabilidade, que nada mais é do que o desdobramento do primeiro. São tratados aqui os direitos do trabalho indisponíveis previstos, quase sempre, em normas cogentes, que confirmam o princípio protetivo do trabalhador. Incompatível, portanto, o instituto da arbitragem nos dissídios individuais trabalhistas"[103].

Entretanto, alguns juristas como Georgenor de Souza Franco Filho[104] admitem a arbitragem para as relações individuais de trabalho, argumentando que por meio dessa modalidade de solução arbitral dos conflitos de trabalho "poderá se ter condições de encontrar almejada convivência pacífica entre os fatores de produção, a partir de que o capital e trabalho

---

[103] BRASIL. Tribunal Superior do Trabalho. 2ª Turma. Recurso de Revista nº 13100--51.2005.5.20.0006. Relator: Ministro José Roberto Freire Pimenta. Brasília, 10.08.2011. Publicado em 14.10.2011.

[104] FRANCO FILHO, Georgenor de Souza. *A arbitragem e os conflitos coletivos de trabalho no Brasil*. São Paulo: Ltr, 1990. p. 74.

em comum acordo, atribua a um terceiro, privado, independente e isento, a busca dos remédios para sarar seus desentendimentos. É forma válida para se obter a composição das divergências entre categorias econômica e profissional, e aperfeiçoar a distribuição da riqueza. Não é mecanismo utópico. Ao contrário, com a sua boa implementação e o conhecimento acurado de suas técnicas, poderá ser a fórmula que se busca para o perfeito entendimento entre os parceiros sociais".

O fato é que a arbitragem ainda caminha com timidez no sistema jurídico-trabalhista, o que é explicado não apenas por questões jurídicas, mas também sociológicas. Isso porque, no Brasil, o trabalhador tem por costume dirigir-se às instancias judiciárias, para reivindicar determinado direito ou para corrigir determinada situação que lhe desfavorece, de modo que todas as questões são destinadas, no caso, à Justiça do Trabalho. Isso também é estimulado pela própria falta de instrumental específico para aplicação da arbitragem, com as necessárias adaptações, no âmbito dos dissídios individuais de trabalho – daí porque surge a inevitável incongruência da aplicação pura e simples da Lei de Arbitragem para uma relação jurídica para a qual não foi especificamente concebida, tornando até mesmo as decisões arbitrais cercadas pela desconfiança e insegurança.

A efetiva utilização da arbitragem no Direito do Trabalho, entretanto, parece inevitável, já que o sistema está esgotado, muitas vezes levando anos e anos para que os processos sejam solucionados e, mais ainda, para que a própria tutela seja concretizada, de tal modo que "os efeitos dessa delonga, especialmente se considerarmos os índices de inflação, podem ser devastadores. Ela aumenta os custos para as partes e pressiona os economicamente fracos a abandonar suas causas, ou a aceitar acordos por valores muito inferiores àqueles que teriam direito"[105].

Embora a Justiça do Trabalho tenha se demonstrado como o mais ágil ramo do Poder Judiciário, passando já há alguns anos por um constante processo de modernização, é inegável que o número de litígios que a ela são submetidos tende a crescer, especialmente após a ampliação de sua competência por decorrência da Emenda Constitucional nº 45/04. Dados colhidos junto ao Relatório "Justiça em Números – Justiça do Tra-

---

[105] CAPPELLETTI, Mauro; GARTH, Bryant. *Acesso à justiça*. Trad. Ellen Gracie Northfleet. Porto Alegre: Sergio Antonio Fabris, 1988. p. 20.

balho", disponibilizados pelo CNJ[106] revelam que a litigiosidade ainda é elevadíssima, já que tramitaram na Justiça do Trabalho aproximadamente 7,1 milhões de processos no ano de 2012, sendo 54% de casos novos no ano e 46% que estavam pendentes de baixa de anos anteriores, isso sem contar que houve crescimento no total de casos novos que foi superior ao aumento do número de habitantes, por isso o ramo alcançou o patamar de 1.545 casos novos para cada cem mil habitantes. Os Tribunais da 2ª Região (São Paulo), 15ª Região (Campinas), 1ª Região (Rio de Janeiro), 3ª Região (Minas Gerais) e 4ª Região (Rio grande do Sul) concentram 56,8% dos casos novos na Justiça do Trabalho. A situação, portanto, ainda é caótica.

O instituto da arbitragem, portanto, fatalmente acabará por ser mais bem tratado tanto pelos legisladores, quanto pela doutrina e pela jurisprudência, quem sabe amadurecendo a tal ponto que, um dia, não mais se questione sua utilização, ainda que parcialmente, nos dissídios individuais de trabalho.

4. Pré-aviso da greve

O direito prevê a estabilidade das relações jurídicas, sempre buscando caminhos que impeçam que uma das partes seja injustificadamente surpreendida; almeja-se sempre a segurança jurídica e a paz social.

Assim é que se estabelece, como regra geral nas atividades privadas, que a entidade patronal ou os empregadores diretamente interessados sejam notificados com antecedência mínima de 48 (quarenta e oito) ou 72 (setenta e duas) horas em serviços ou atividades essenciais.

Esse prazo varia de acordo com a legislação aplicável às greves, sendo que a antiga Lei nº 4.330/64 previa um aviso prévio de 5 (cinco) dias em atividades acessórias e de 10 (dez) dias nas atividades essenciais (tanto para o empregador quanto para a coletividade que sofrerá os efeitos da paralisação). Portanto, a Lei de Greve reduziu consideravelmente os prazos.

Para a OIT é razoável a fixação de um prazo de 1 (um) a 5 (cinco) dias, mas existe grande variação nessa escolha como se verifica pelas legislações que regulamentam o direito de greve.

---

[106] Disponível em:
<http://www.cnj.jus.br/images/pesquisas-judiciarias/Publicacoes/relatorio_jn2013.pdf>.
Acesso em: 04 abr. 2014.

A Ley Federal del Trabajo do México (art. 353-R) determina que o aviso ocorra com pelo menos dez dias de antecedência à data marcada para a suspensão do trabalho. Na Itália, é o mesmo prazo assinalado pela Lei nº 147/00. Para o Código do Trabalho de Portugal a entidade que decida o recurso à greve deve dirigir ao empregador, ou à associação de empregadores, e ao ministério responsável pela área laboral um aviso com a antecedência mínima de cinco dias úteis, sendo que, nos casos de empresa ou estabelecimento que se destine à satisfação de necessidades sociais impreteríveis, o prazo é aumentado para dez dias (art. 534º). Na Espanha, o Real Decreto-Ley nº 17/77 adota os mesmos prazos (art. 3º).

Como se dá a contagem desse prazo?

Não existe nenhum dispositivo que trate do tema na Lei de Greve; portanto, o que se tem adotado é a previsão do §4º, do artigo 132 do CC, no sentido de que a contagem é efetuada em horas, excluindo-se o dia do começo e incluindo-se o dia do final, ou seja, adota-se a sistemática dos prazos processuais.

Essa noção horária, na prática, é relativizada, dada a dificuldade em se identificar, de forma exata, qual o termo inicial dessa contagem. Afinal, se as horas deveriam começar a contar, por exemplo, a partir da primeira notificação enviada ao empregador (ou à coletividade também no caso dos serviços essenciais), seja por e-mail, telegrama, carta etc., poderiam existir situações inusitadas, como o início do prazo em meio ou final de expediente, isso sem contar os mais variados horários de funcionamento das empresas, principalmente naquelas que funcionam em turnos ininterruptos.

Com o intuito de evitar tais situações, convencionou-se que, muito embora o artigo 13 da Lei de Greve mencione a palavra "horas", em verdade a contagem se dará em dias e, segundo a previsão do artigo 132 do CC, excluindo-se o dia do começo e incluindo-se o dia do vencimento.

O ideal é que a contagem se dê considerando-se os dias úteis, quais sejam os dias em que existe atividade do empregador, já que eventual deflagração do movimento grevista em sábados, domingos ou feriados perderia sua capacidade de pressão.

A Lei nº 7.783/89 não exige que haja comunicação obrigatória ao Ministério do Trabalho, como ocorria com o §1º, do artigo 10 da antiga Lei nº 4.330/64. Entretanto, até pela ausência de regramento específico sobre a questão, verifica-se que não foi revogado o §1º do artigo 616 da CLT, que trata das convenções coletivas do trabalho e que previa a necessidade de cientificar o Ministério do Trabalho acerca da recusa à negociação coletiva. Assim, deve-se apenas dar ciência àquele órgão até para que haja a possibilidade de convocação de mesa-redonda visando uma composição entre as partes, ou seja, apenas um reforço na mediação do conflito, e não interferência na atividade sindical.

Quanto à forma, a lei anterior exigia que o aviso prévio fosse por escrito (art. 10), mas a Lei de Greve nada menciona sobre essa formalidade, apenas exige que seja concedido um aviso prévio que, portanto, poderá ocorrer das mais variadas formas, seja por rádio, jornal, internet, televisão, notificação da empresa etc. O que importa, portanto, é que haja a comprovação de que a outra parte teve o efetivo conhecimento da deflagração da greve. Um critério que pode ser utilizado é aquele mesmo mencionado pela legislação portuguesa, cujo Código do Trabalho dispõe que o aviso prévio de greve deve ser feito por "meios idôneos", preferencialmente por escrito ou através dos meios de comunicação social (art. 534º-2).

A não observância dos prazos em elenco na Lei nº 7.783/89 implica no reconhecimento da abusividade do movimento grevista, como já pacificado pela jurisprudência do TST[107].

Interessante disposição é encontrada no Código Sustantivo del Trabajo da Colômbia que, sem prejuízo do aviso prévio, fixa um prazo máximo em que, a partir daí a greve deve ser deflagrada, ou seja, a suspensão coletiva do trabalho somente poderá ocorrer transcorridos dois dias úteis de sua declaração e não mais que dez dias depois (art. 445).

5. Exceção do contrato não cumprido

Outro ponto que merece ser abordado diz respeito à necessidade ou não do cumprimento do aviso prévio legal na hipótese de descumprimento contratual pelo empregador. Em outras palavras, é possível afastar a necessidade de observar o aviso prévio utilizando-se a previsão da exceção do contrato não cumprido?

Inicialmente, é necessário lembrar que uma das características do contrato de trabalho é a sinalagma, ou seja, a dependência recíproca das

---

[107] BRASIL. Tribunal Superior do Trabalho. Seção Especializada em Dissídios Coletivos. Recurso Ordinário nº 7510-05.2011.5.02.0000. Relator: Ministro Mauricio Godinho Delgado. Brasília, 12.08.2013. Publicado em 16/08/2013.

obrigações, contratos nos quais "uma obrigação é a causa, a razão de ser, o pressuposto da outra, verificando-se interdependência essencial entre as prestações. A *dependência* pode ser *genética* ou *funcional*. *Genética*, se existe desde a formação do contrato. *Funcional*, se surge em sua execução o cumprimento da obrigação por uma parte acarretando o da outra"[108].

Isso significa que, havendo sinalagma – interdependência entre as obrigações – admite-se a chamada exceção do contrato não cumprido, que consiste em uma defesa do devedor quando exigida a prestação pelo credor. Por isso, enquanto o credor não cumpre a sua parte na obrigação, o devedor pode suspender e paralisar o cumprimento da prestação.

Conforme explica Miguel Maria de Serpa Lopes[109], a "*exceptio non adimpleti contractus*, fenômeno particular aos contratos sinalagmáticos, permite ao co-contratante, insatisfeito em relação à prestação de que é credor, diferir a execução de suas obrigações até o momento em que a outra parte execute ou se prontifique a executar as suas próprias prestações".

Dessa forma, é possível concluir que, na hipótese de flagrante descumprimento contratual por parte do empregador (falta de pagamento de salários, de participação nos lucros ou resultados, depósitos de FGTS, plano de saúde, horas extras etc.) seja invocada a exceção do contrato não cumprido pela coletividade de trabalhadores, como fundamento para não observar o aviso prévio contido no parágrafo único do artigo 3º da Lei de Greve.

Por fim, não se pode esquecer que a invocação dessa possibilidade deve guardar pertinência coletiva, pois, do ponto de vista meramente individual, estar-se-ia diante das hipóteses de rescisão do contrato de trabalho por justa causa imputável ao empregador (art. 483, da CLT), o que não se coaduna com as causas materiais e finais da greve.

6. Comunicação aos usuários

A adoção do prazo de 72 (setenta e duas) horas não está vinculada a nenhum motivo específico; trata-se apenas de um prazo que o legislador entendeu como razoável para que aqueles que são diretamente afetados pela greve em serviços ou atividades essenciais possam se preparar, na medida de suas possibilidades, para enfrentar os efeitos que estão por vir,

---

[108] GOMES, Orlando. *Contratos*, 12ª ed. Rio de Janeiro: Forense, 1987. p. 77.
[109] LOPES, Miguel Maria de Serpa. *Curso de direito civil*. Vol. III. 2ª ed. Rio de Janeiro: Freitas Bastos. p. 161.

considerando-se especialmente o campo sensível em que a deflagração das greves nos serviços ou atividades essenciais se desenvolve.

A comunicação aos usuários é uma inovação importante que a Lei de Greve traz e que, em última medida, confere mesmo maior legitimidade ao movimento grevista. Aliás, não uma legitimidade do ponto de vista do atendimento dos requisitos legais (os quais devem ser sempre atingidos), mas uma legitimidade em relação à acolhida pela própria população da relevância dos interesses que os grevistas pretendem defender. Afinal, a população é um terceiro que, embora não esteja envolvido nas questões conflituosas cuja negociação coletiva fracassou, é diretamente atingida pelos efeitos das paralisações nos serviços ou atividades essenciais. É como se houvesse uma "divisão" do prejuízo.

É bom lembrar que o apoio – ou ao menos a ausência de reprovação – da opinião pública[110] é um fator muito importante, que pode inclusive auxiliar no atendimento das reivindicações da categoria. Também é verdade que essa mesma opinião pública, é facilmente suscetível à mudança de opinião, especialmente quando se vislumbram eventuais indícios da abusividade dos movimentos grevistas. E a falta de apoio da população já é um fator de grande relevância que, muitas vezes, acaba influenciando no insucesso ou no próprio reconhecimento da ilicitude do movimento.

Ora, se a própria lei possibilita que os grevistas utilizem os meios adequados para convencer seus colegas à adesão, porque não se buscar o convencimento da própria população acerca da necessidade em se atender as reivindicações? A greve não é apenas um fenômeno estritamente trabalhista; sua evolução histórica demonstra bem isso.

Em relação à comunicação aos usuários, o artigo não especifica de que maneira essa formalidade será preenchida, sendo que, nessa hipótese, a

---

[110] A noção de "opinião pública" aqui mencionada é utilizada em seu sentido lato. Sobre o tema aponta Niklas Luhmann que ela "deve ser concebida como estrutura temática da comunicação pública, fundada no fato de que, perante o número ilimitado de temas que podem ser veiculados pela comunicação, a atenção do público só pode se manifestar de forma limitada; não deve ser concebida causalmente como efeito produzido ou continuamente operante; antes deve ser concebida funcionalmente, como instrumento auxiliar de seleção realizada de uma forma contingente. A opinião pública não consiste na generalização do conteúdo das opiniões individuais através das fórmulas gerais, aceitáveis por todo aquele que faça uso da razão, mas sim na adaptação da estrutura dos temas do processo de comunicação atrelada às necessidades de decisão da sociedade e do seu sistema" (*Apud* Tuzzo, Simone Antoniaci. *Deslumbramento coletivo: opinião pública, mídia e universidade*. São Paulo: Annablume, 2005. p. 34).

escolha do critério da utilização dos "meios idôneos", já referida anteriormente na legislação portuguesa, também pode ser adotada.

O ônus de comprovar que houve a efetiva comunicação aos usuários é da entidade sindical ou da comissão de trabalhadores, nas hipóteses em que esta última é a legitimada.

Art. 4º *Caberá à entidade sindical correspondente convocar, na forma do seu estatuto, assembleia geral que definirá as reivindicações da categoria e deliberará sobre a paralisação coletiva da prestação de serviços.*

§1º O estatuto da entidade sindical deverá prever as formalidades de convocação e o quorum para a deliberação, tanto da deflagração quanto da cessação da greve.

§2º Na falta de entidade sindical, a assembléia geral dos trabalhadores interessados deliberará para os fins previstos no "caput", constituindo comissão de negociação.

SUMÁRIO
1. Deliberação da greve
2. Convocação e quórum
3. Comissão de negociação

COMENTÁRIO

1. Deliberação da greve

A deflagração de uma greve deve cumprir alguns requisitos do ponto de vista procedimental, sendo o mais importante a convocação de assembleia geral pela entidade sindical representativa da categoria, ocasião em que se poderá proceder ao debate pleno, plural e público de todos os pontos envolvidos no conflito, seja na busca por novas propostas, alternativas, soluções ou mesmo na escolha da medida extrema.

Os sindicatos, em ciência política, são considerados como uma das mais importantes manifestações daquilo que vem a ser conhecido como "grupos de pressão". Trata-se de um produto direto das democracias ocidentais, e que materializa um importante fenômeno: a materialização da vontade coletiva em detrimento da vontade individual, um grupo definido pelo exercício de influência sobre o poder político para obtenção de uma eventual medida de governo que lhe favoreça os interesses[111]. E isso tem relação essencial com a greve e com a atuação sindical.

A propósito da importância das entidades sindicais, Paulo Bonavides[112] informa, com lastro no pensamento do jurista alemão Carl J. Friedrich, que "a despeito do emprego abusivo feito pelos fascistas com suas câmaras corporativas, subsiste inalterável a verdade de que as organizações e os sindicatos constituem a mais efetiva forma de comunidade de que o homem moderno participa, mormente nas grandes cidades". De qualquer forma, também não se pode esquecer que a própria legitimidade e poder de representatividade dos sindicatos também é um conceito fluido que não está imune às mudanças geradas por fatores externos como a globalização e seus impactos nas legislações dos países[113].

A lei não faz menção direta ao "sindicato", mas utiliza a expressão "entidade sindical", gênero do qual o primeiro é espécie. Assim, também estão abrangidas as federações, no caso de inexistência de sindicato na base territorial atribuída à determinada categoria e as confederações, nos casos de categoria que não esteja organizada em nenhuma das outras duas entidades.

A redação do artigo está compatível com a própria previsão do §2º do artigo 617 da CLT, a propósito da negociação das convenções coletivas de trabalho, segundo o qual as Federações e, na falta desta, as Confederações representativas de categorias econômicas ou profissionais poderão celebrar convenções coletivas de trabalho para reger as relações das cate-

---

[111] BONAVIDES, Paulo. *Ciência Política*. 10ª ed. São Paulo: Malheiros, 2001. p. 427.

[112] BONAVIDES, Paulo. *Op. cit.* p. 222.

[113] As leis trabalhistas estruturam os inevitáveis e recorrentes conflitos nas relações de trabalho. Elas definem a balança de poder entre governos, empregadores, empregados e sindicatos. A reformulação das leis trabalhistas de um país tipicamente reflete um deslocamento nessas relações de poder e pode trazer consequências desfavoráveis para os antigos beneficiários dessas leis. As leis conservam um valor simbólico, servindo como um lembrete de um tempo em que as organizações de trabalhadores eram mais poderosas. Para os sindicatos, leis abandonadas que protegem direitos podem significar o aceite de uma indefinida desvantagem institucional e a perda de poder futuro. Em muitos países, as reformas trabalhistas locais se transformaram em um ponto focal do debate sobre o futuro do trabalho organizado sob a globalização (COOK, Maria Lorena. *The politics of labor reform in Latin America: between flexibility and rights*. Pennsylvania: The Pennsylvania State University Press, 2007. p. 01-03).

gorias a elas vinculadas, inorganizadas em Sindicatos, no âmbito de suas representações.

Assim, a entidade sindical dos trabalhadores é obrigada a convocar uma assembleia geral que irá estabelecer as reivindicações da categoria, deliberando, inclusive, sobre a paralisação coletiva do trabalho. Essa exigência nada mais é que um desdobramento da própria legitimidade da organização sindical no que se refere à deflagração da greve, pois, como já visto, cabe ao sindicato a participação obrigatória nas negociações coletivas, bem como na defesa dos direitos coletivos e individuais da categoria, seja em questões judiciais ou administrativas, tal como previsto na Constituição Federal (art. 8º, III e IV). É a entidade cumprindo sua expressa missão constitucional.

Tais providências são essenciais para que se possa conferir publicidade à pauta de reivindicações, de modo que se permita informar à sociedade e aos órgãos públicos quais os direitos que a categoria pretende defender; afinal, a greve é essencialmente vinculada à negociação coletiva.

2. Convocação e quórum

A Lei de Greve confere grande importância aos estatutos das entidades sindicais, muito embora não crie nenhum requisito que condicione a validade do conteúdo do estatuto, muito menos traga quaisquer embaraços para a plena criatividade e autonomia coletiva para composição de seus estatutos. Todavia, é necessário um conteúdo mínimo que diga respeito às formalidades de convocação e o quórum, tanto para a deliberação, quanto para a deflagração e para a cessação da greve. Nesse aspecto, o número poderá ser igual ou diferente, não existe qualquer exigência legal específica.

Uma vez finalizado o estatuto, o pedido de reconhecimento será dirigido ao Ministro do Trabalho, Indústria e Comércio, instruído com exemplar ou cópia autenticada dos estatutos da associação (art. 518, CLT).

O parágrafo único do mesmo artigo estabelece os requisitos mínimos do estatuto das entidades sindicais, a saber: a) a denominação e a sede da associação; b) a categoria econômica ou profissional ou a profissão liberal cuja representação é requerida; c) a afirmação de que a associação agirá como órgão de colaboração com os poderes públicos e as demais associações no sentido da solidariedade social e da subordinação dos interesses econômicos ou profissionais ao interesse nacional; d) as atribuições, o processo eleitoral e das votações, os casos de perda de mandato e de substituição dos administradores; e) o modo de constituição e administração do patrimônio social e o destino que lhe será dado no caso de dissolução; f) as condições em que se dissolverá associação.

Sobre essas exigências, muito já se discutiu acerca da recepção do artigo 518 da CLT por conta da redação do artigo 8º da Constituição Federal, segundo o qual a lei não poderá exigir autorização do Estado para a fundação de sindicato, ressalvado o registro no órgão competente, vedadas ao Poder Público a interferência e a intervenção na organização sindical. Para alguns tais requisitos mínimos representavam ingerência indevida nas entidades sindicais e circunstâncias limitadoras à autonomia privada coletiva.

Porém, o Supremo Tribunal Federal editou a Súmula 677 segundo a qual até que lei venha a dispor a respeito, incumbe ao Ministério do Trabalho proceder ao registro das entidades sindicais e zelar pela observância do princípio da unicidade. Isso sem contar que mesmo a Constituição manteve o esquema da unicidade sindical e das cobranças sindicais compulsórias.

É interessante notar que, embora se possa falar que o artigo 518 da CLT trate apenas do conteúdo minimamente exigível do estatuto sindical, para Homero Batista Mateus da Silva[114] "em diversos momentos o legislador deposita sua crença no aprimoramento constante dos estatutos, como na definição de regras eleitorais e de algumas assembleias específicas. Então, quando o art. 4º da Lei de Greve se remete aos estatutos, é de se esperar que as entidades sindicais exerçam a responsabilidade que lhes é confiada e tornem seu regimento interno uma peça segura sobre a resolução dos impasses em torno da deflagração e da cessação do movimento grevista".

Para fins da Lei de Greve, o que se busca é a prevalência da não interferência na organização sindical, exigindo-se, apenas, que a convocação esteja em conformidade com as regras que a própria entidade sindical criou e inseriu em seus documentos constitutivos. Essa providência é importante, até para que a própria categoria possa fiscalizar os atos dos administradores do sindicato, bem como para que se possa verificar se a entidade está cumprindo sua real finalidade, e não sendo manipulada para fins alheios à defesa dos interesses amplos da categoria.

---

[114] SILVA, Homero Batista Mateus da. *Op. cit.* p. 275.

A propósito, mesmo não estabelecendo um quórum mínimo, mas que deve estar atrelado ao número que venha a ser fixado no próprio estatuto, é necessário que o estatuto da entidade sindical preveja as formalidades de convocação dos trabalhadores, como o respectivo edital etc. e que estas formalidades estatutárias sejam efetivamente observadas, independentemente de serem mais ou menos rígidas.

Nesse sentido, cite-se a Orientação Jurisprudencial nº 35, da SDC, do TST, segundo a qual se os estatutos da entidade sindical contam com norma específica que estabeleça prazo mínimo entre a data de publicação do edital convocatório e a realização da assembleia correspondente, então a validade desta última depende da observância desse interregno.

Sobre o quórum, algumas legislações estabelecem interessantes exigências que afetam os rumos da assembleia geral. Na Colômbia, por exemplo, o Código Sustantivo del Trabajo dispõe que a greve será decidida mediante votação secreta, pessoal e indelegável, pela maioria absoluta dos trabalhadores (art. 444). O Real Decreto-ley nº 17/77 da Espanha é bem específico e dispõe que estão autorizados para acordar sobre a declaração de greve os trabalhadores, indiretamente, por seus representantes que decidirão, por decisão majoritária, em reunião conjunta, da qual devem participar ao menos setenta e cinco por cento dos representantes. No caso de votação diretamente pelos próprios trabalhadores, exige-se a participação de vinte e cinco por cento, sendo que a votação é secreta e decidida por maioria simples (art. 3, 'a' e 'b').

A Lei nº 4.330/64 obrigava a entidade sindical a publicar editais com antecedência mínima de dez dias, contendo local, dia e hora da realização da assembleia geral, designação da ordem do dia, em que se iriam verificar as reivindicações, além de determinar o uso de cédulas na votação em que se observavam as expressões SIM e NÃO (art. 6º). Além disso, estabelecia um quórum para deliberações correspondente a 2/3 dos associados, em primeira convocação, e 1/3 em segunda convocação (art. 5º). A presidência da mesa apuradora era feita por membro do Ministério Público do Trabalho e a ata deveria ser enviada ao Ministério do Trabalho (art. 7º).

Essas exigências não foram repetidas pela Lei nº 7.783/89, que é bem mais informal quanto a tais pontos, o que foi salutar, já que a lei anterior, muito formalista, acabava engessando e interferindo demais na autonomia da entidade sindical, muitas vezes criando embaraços para o atendimento dos procedimentos. Isso sem contar que a própria realização da assembleia é muito fluida, podendo ocorrer em lugares improvisados (ginásios, galpões, escadarias de prédios públicos, pátios, praças, calçadas), de forma por vezes até mesmo desorganizada, o que dificulta, na prática, a apuração de cada voto individualmente. É comum que as deliberações em assembleias sejam decididas com o levantar e abaixar das mãos dos trabalhadores.

Dessa forma, não é necessário que a totalidade da categoria abrangida seja favorável à greve, até porque a lei assim não exige. Nesse sentido, aplica-se a previsão da Orientação Jurisprudencial nº 19, da SDC do TST, concebida para o ajuizamento de dissídios coletivos, mas aplicada por analogia, e segundo a qual a legitimidade da entidade sindical para a instauração da instância contra determinada empresa está condicionada à prévia autorização dos trabalhadores da suscitada diretamente envolvidos no conflito.

Também é bom que se esclareça que, uma vez que o quórum fica vinculado às determinações do próprio estatuto da entidade sindical, também não há que se falar na aplicação necessária do artigo 612 da CLT que trata especificamente do quórum das assembleias sindicais para os acordos ou convenções coletivas. Tal dispositivo, embora não tenha sido revogado pela Lei nº 7.783/89, continua valendo, mas, a princípio, apenas para aquelas situações, não para deliberações sobre a greve, que possuem lei específica.

De fato, a situação acaba criando confusões, pois o ordenamento jurídico trabalhista passa a admitir a existência de duas assembleias, com exigências diferentes para situações que são muito semelhantes e que se entrelaçam. Afinal, a deflagração da greve decorre justamente do fracasso da negociação coletiva que, por sua vez, nada mais é que o procedimento pelo qual se pretende celebrar um acordo ou convenção coletiva de trabalho.

A esse propósito, cabe o alerta de Sergio Pinto Martins[115], no sentido de que deveria "haver uma modificação no art. 612 da CLT, para que se evitasse a existência de duas assembleias: uma para greve, disciplinada pelos estatutos da entidade sindical, outras para acordos e convenções coletivas, prevista no dispositivo consolidado".

Nada impede, no entanto, que o estatuto da entidade sindical opte por uma ou outra modalidade de assembleia, pois a próprio CLT estabe-

---

[115] MARTINS, Sergio Pinto. *Op. cit.* p. 863.

lece quórum diferente seja para a assembleia da conciliação (art. 612), assembleia de aprovação de contas (art. 524) e de autorização para instauração de dissídio coletivo (art. 859).

Vale lembrar, também, que a antiga Orientação Jurisprudencial nº 14, da SDC do TST, atualmente cancelada, era muito rígida, pois estabelecia que se a base territorial do Sindicato representativo da categoria abrangesse mais de um Município, a realização de assembleia deliberativa em apenas um deles inviabilizaria a manifestação de vontade da totalidade dos trabalhadores envolvidos na controvérsia, pelo que conduziria à conclusão pela insuficiência de quórum deliberativo, exceto quando particularizado o conflito. Felizmente, não se encontra mais em vigor.

Da assembleia geral poderá participar qualquer trabalhador que integre a categoria, pouco importando se ele é ou não associado ao sindicato.

Nesse ponto, a Lei nº 7.783/89 foi extremamente democrática, prestigiando o princípio da livre associação tal como previsto na Constituição Federal, pois ninguém poderá ser compelido a associar-se ou a permanecer associado (art. 5º, XX) nem mesmo será obrigado a filiar-se ou a manter-se filiado a sindicato (art. 8º, V).

Não é o que ocorre nas assembleias de que trata o artigo 612 da CLT o qual exige que se trate de trabalhador associado.

3. Comissão de negociação

O artigo 8º da Constituição Federal estabelece que ao sindicato cabe a defesa dos direitos e interesses coletivos ou individuais da categoria, inclusive em questões judiciais ou administrativas (III) e ainda que é obrigatória a participação dos sindicatos nas negociações coletivas de trabalho (VI). A participação, portanto, é obrigatória.

Mas o que fazer quando os interesses da coletividade de trabalhadores são divergentes dos interesses da entidade sindical? Em outras palavras, e se os trabalhadores decidem pela greve, mas o sindicato se opõe?

Primeiramente, é incorreto pensar que qualquer fenômeno que remeta à defesa dos interesses coletivos de um grupo exija, necessariamente, o aval da entidade sindical. O que ocorre é a aplicação de uma regra de presunção: uma vez que o sindicato representa a categoria, presume-se que os interesses desta última serão defendidos e capitaneados pelo primeiro, até porque é a força coletiva inerente à entidade que funciona como o contrapeso numa relação individual em que o trabalhador é juridicamente subordinado. O sindicato, portanto, é quem equaliza essa relação.

Tal presunção, entretanto, não é absoluta. Afinal, podem ocorrer situações em que não haja identidade entre a vontade manifestada pelo sindicato e a vontade da coletividade de trabalhadores, o que inviabiliza a iniciativa da entidade em deflagrar a greve.

A primeira situação prevista na Lei de Greve é justamente quando não existe um sindicato juridicamente constituído para representar determinada categoria. De modo que, na ausência deste, a legitimidade caberá à federação e, na falta desta, à confederação, naquilo que se poderia qualificar como um alcance supletivo e derivado de legitimidade da entidade sindical imediatamente superior.

A segunda situação ocorre quando, embora exista um sindicato constituído e representativo, a vontade deste último esteja em desacordo com a vontade da coletividade de trabalhadores, ou seja, há um choque de interesses entre a categoria e a entidade que a representa. Afinal, sendo a assembleia um foro destinado justamente à ampla discussão das questões, com a possibilidade de emanação de diferentes opiniões e posicionamentos sobre as questões atinentes aos interesses da categoria, é bem possível que, especialmente num regime democrático, não haja consenso, nem mesmo convergência de pensamentos.

Nessas hipóteses, a legislação cria uma figura de aplicação também supletiva: a comissão de trabalhadores, também conhecida como comissão de fábrica, que deve ser nomeada e cuja atuação ocorrerá em caráter excepcional, mas detendo legitimidade para encampar um movimento grevista, mesmo que o sindicato assim não concorde. E não se pode esquecer também que, muitas vezes, o próprio sindicato demonstra desinteresse em deflagrar uma greve, especialmente porque muitos dirigentes preferem ficar do lado dos patrões, em detrimento da efetiva defesa da categoria que representam – uma das consequências mais nefastas do sistema do sindicato único e da contribuição sindical compulsória[116].

---

[116] Mesmo com o rompimento dos paradigmas autoritários do passado, e a instituição de um regime democrático no Brasil, o sistema jurídico ainda conserva resquícios do antigo corporativismo da Era Vargas, os quais atuam de maneira interdependente e que retroalimentam o modelo nacional que, desde há muito, revela a crise de identidade dos sindicatos brasileiros. Primeiramente, a Constituição Federal manteve a contribuição sindical compulsória (art. 8º, IV) que é destinada a custear o sistema sindical, e que tem natureza jurídica de tributo, eis

Atualmente, entretanto, é muito difícil que os trabalhadores prescindam do aval do sindicato. Afinal, os atuais processos produtivos acabam gerando uma perda de identidade e solidariedade tão grande entre os próprios trabalhadores que, hoje, o sindicato, feliz ou infelizmente, é a última instância em que pode o trabalhador se "agarrar" para conferir legitimidade e real poder de barganha em relação a seu empregador.

De qualquer forma, é salutar que a lei tenha atribuído à comissão de trabalhadores a legitimidade no caso de negligência da entidade sindical, sempre se observando que tal comissão não pode ser formada a qualquer tempo, muito menos ser utilizada para enfraquecer o sindicato. O próprio artigo 11 da Constituição Federal prevê que nas empresas de mais de duzentos empregados, é assegurada a eleição de um representante destes com a finalidade exclusiva de promover-lhes o entendimento direto com os empregadores, o que demonstra que os próprios empregados também podem manter um canal de entendimento com o empregador, estabelecendo uma dialética que favoreça a confiança recíproca e a troca de ideias e experiências entre ambos.

Frise-se, novamente, que, para fins de greve, o legislador condicionou a formação de tais comissões somente na hipótese de ausência da entidade sindical quando acionada e na falta de assembleia para a deliberação sobre sua deflagração.

Não se trata de uma disposição isolada, haja vista que a CLT também já tratava da possibilidade de negociação direta relativa a acordo coletivo de trabalho pelos empregados, no caso de recusa da entidade sindical (art. 617).

---

que seu recolhimento é inescusável (art. 3º, do CTN). Além disso, também foi conservada a unicidade sindical (art. 8º, II, da CF), que não admite a criação de mais de um sindicato na mesma base territorial não inferior à área de um Município. Portanto, tanto o trabalhador quanto o empregador ficam necessariamente vinculados àquela entidade que primeiro obteve seu registro perante o Ministério do Trabalho e Emprego, o que cria um reprovável monopólio da representatividade da categoria profissional e econômica, em detrimento da liberdade de escolha. Ora, somente pode haver a contribuição compulsória quando existe a vinculação a uma única entidade sindical, pois já se sabe, de antemão, que é justamente aquela entidade que receberá a receita, com exclusão de qualquer outra. Se houvesse a pluralidade de sindicatos, os trabalhadores e empregadores poderiam escolher a qual das entidades o recurso seria destinado. Assim, proliferam sindicatos carentes de qualquer representatividade, dissociados dos reais interesses das categorias e marcados pela ausência de alternância de poder, situação que é evidentemente antidemocrática, o que implica em verdadeiro desestímulo à sindicalização.

Situação semelhante, embora não trate de situações de renúncia ou negligência, pode ser encontrada na Lei nº 10.101/00 (art. 2º, I), segundo a qual a participação nos lucros ou resultados poderá será objeto de negociação entre a empresa e seus empregados, de comum acordo, por meio de uma comissão paritária escolhida pelas partes, integrada, também, por um representante indicado pelo sindicato da respectiva categoria.

***Art. 5º** A entidade sindical ou comissão especialmente eleita representará os interesses dos trabalhadores nas negociações ou na Justiça do Trabalho.*

Sumário
1. Representação dos trabalhadores: categoria
2. Categoria profissional diferenciada

Comentário

1. Representação dos trabalhadores: categoria
Ao enunciar os direitos sociais, o artigo 8º, da CF consagra a ideia de que a representação sindical é compreendida a partir da noção de categorias, cuja representação reside, em caráter de monopólio, aos sindicatos.

O artigo 511 da CLT aponta que é lícita a associação para fins de estudo, defesa e coordenação dos seus interesses econômicos ou profissionais de todos os que, como empregadores, empregados, agentes ou trabalhadores autônomos ou profissionais liberais exerçam, respectivamente, a mesma atividade ou profissão ou atividades ou profissões similares ou conexas.

Também define que a similitude de condições de vida oriunda da profissão ou trabalho em comum, em situação de emprego na mesma atividade econômica ou em atividades econômicas similares ou conexas, compõe a expressão social elementar compreendida como categoria profissional (§2º). A categoria profissional estaria na base de sustentação do sistema de representação sindical brasileiro.

De outra monta, verifica-se que o Capítulo III da CLT, embora disciplinando as regras e parâmetros gerais relativos ao recolhimento e fixação das chamadas contribuições sindicais, traz importantes noções sobre como a legislação do trabalho entende e operacionaliza a questão do enquadramento sindical.

Indica o artigo 581 que as empresas atribuirão parte do respectivo capital as suas sucursais, filiais ou agências, desde que localizadas fora da base territorial da entidade sindical representativa da atividade econômica do estabelecimento principal, na proporção das correspondentes operações econômicas, fazendo a devida comunicação às Superintendências Regionais do Trabalho e Emprego, conforme a localidade da sede da empresa, sucursais, filiais ou agências.

A respeito das atividades preponderantes da empresa, o §1º do mesmo dispositivo determina que quando a empresa realizar diversas atividades econômicas, sem que nenhuma delas seja preponderante, cada uma dessas atividades será incorporada à respectiva categoria econômica, sendo a contribuição sindical devida à entidade sindical representativa da mesma categoria, procedendo-se, em relação às correspondentes sucursais, agências ou filiais da mesma forma estabelecida pelo artigo retro citado. Finalmente, o §2º define que a atividade preponderante da empresa é aquela que caracterizar a unidade de produto, operação ou objetivo final, para cuja obtenção todas as demais atividades convirjam, exclusivamente em regime de conexão funcional.

A teor da interpretação conjugada dos artigos 511 e 581 da CLT, bem como de seus respectivos parágrafos, pode-se concluir que o enquadramento sindical do trabalhador, como regra geral, deve levar em conta a atividade preponderante que venha a ser desempenhada pela empresa.

A regra, segundo Arnaldo Süssekind[117], é de que o empregado "compõe a categoria profissional correspondente à categoria econômica a que pertence a empresa em que trabalha, pouco importando a função que nela exerce", continuando o autor, ao indicar que existem exceções à regra "restritas aos trabalhadores, inclusive os *profissionais liberais*, que exerçam profissões ou ofícios diferenciados por estatutos ou regulamentos especiais ou que irradiam condições de vida peculiares".

O TST já decidiu no sentido de que, uma vez que o exercício do direito coletivo de greve pertence aos trabalhadores, por meio do sindicato representativo da correspondente categoria profissional, tal como consta

---

[117] SÜSSEKIND, Arnaldo *et. al. Instituições de direito do trabalho.* 13ª ed. São Paulo: LTr, 1993. p. 1003-1004.

da Lei de Greve (art. 4º) é abusivo movimento grevista deflagrado sob a liderança de sindicato que não detém a representatividade da categoria profissional[118].

2. Categoria profissional diferenciada

A exceção à vinculação à categoria abrangida pela atividade preponderante da empresa reside na hipótese de integrar o trabalhador uma categoria profissional diferenciada.

Os trabalhadores que figuram nessa situação particular são regidos pelas disposições do §3 do artigo 511 da CLT, o qual define que categoria profissional diferenciada é a que se forma dos empregados que exerçam profissões ou funções diferenciadas por força de estatuto profissional especial ou em consequência de condições de vida singulares.

A esse propósito aduz Valentin Carrion[119] que tal modalidade profissional "é a que tem regulamentação específica do trabalho diferente da dos demais empregados da mesma empresa, o que lhe faculta convenções ou acordos coletivos próprios, diferentes dos que possam corresponder à atividade preponderante do empregador, que é regra geral".

Assim, se é o sindicato representativo da categoria quem detém a legitimidade para deflagrar o movimento grevista, o que devem fazer os trabalhadores vinculados a uma categoria singular, que não é correlata à categoria preponderante da empresa? Ficariam tolhidos do direito de greve ou devem procurar seu próprio sindicato específico, para exercício do direito constitucionalmente garantido?

A questão não pode ser interpretada de maneira literal, de modo a atribuir aos profissionais de uma categoria profissional diferenciada o ônus de diligenciar junto a sua própria entidade sindical (que muitas vezes sequer está regularmente constituída) o que levaria ao absurdo de que diversos sindicatos realizassem suas próprias assembleias, votações, negociações etc. como se cada um deles representasse um interesse individual. Mais ainda: poderia servir de argumento para que aos emprega-

---

[118] BRASIL. Tribunal Superior do Trabalho. Seção Especializada em Dissídios Coletivos. Recurso Ordinário nº 42600-28.2009.5.17.0000. Relator: Ministro Fernando Eizo Ono. Brasília, 09.09.2013. Publicado em 27/09/2013.

[119] CARRION, Valentin. *Comentários à consolidação das leis do trabalho*. 33ª ed. São Paulo: Saraiva, 2008. p. 425.

dores que quisessem alegar que os trabalhadores vinculados à categoria diferenciada, que não acionaram seus sindicatos específicos, estariam descumprindo suas obrigações contratuais, autorizando uma pretensa dispensa por justa causa.

Tome-se como exemplo um hospital que possua em seus quadros profissionais de diversas profissões como médicos, radiologistas, enfermeiros, advogados, motoristas, faxineiros etc. Nesse caso, haveria óbvio obstáculo ao exercício do direito constitucional de greve, caso se atribuísse a obrigação de que cada um negociasse com seu próprio sindicato específico. E isso sem contar que poderiam mesmo haver divergências entre as entidades sindicais sobre a viabilidade ou não da greve, entre outros aspectos.

Afinal, a atribuição da noção de categoria profissional diferenciada baseia-se na ideia de que determinados profissionais, dada a particularidade de sua profissão, merecem uma tutela especial, ou seja, diferenciada. Pode-se dizer, assim, que o tratamento específico é corolário do princípio da proteção.

Dessa forma, seria mesmo ilógico e contrário à orientação axiológica do próprio sistema trabalhista que, sob essas premissas, um tratamento legislativo diferenciado incorresse no embaraço para exercício de um direito fundamental (direito de greve).

É por isso que tem razão Octávio Bueno Magano e Estevão Mallet[120], a propósito da interpretação que deve ser conferida à questão do enquadramento sindical, já que esta "tem de ser feita segundo novas diretrizes. No passado, levava-se a efeito de acordo com o interesse das autoridades estatais, sempre apegado ao critério da unidade sindical e à observância rigorosa de padrões previamente estabelecidos. Hoje, deve efetuar-se conforme os interesses de trabalhadores e empregadores e com a preponderância do princípio do pluralismo sobre o critério da unidade, tendo em vista as peculiaridades de cada caso concreto".

Reforça ainda mais essa ideia o fato de que os interesses profissionais dos trabalhadores podem ser comuns, idênticos, independentemente da categoria a qual pertençam, bastando que a atividade que exercem seja prestada em um mesmo contexto.

---

[120] MAGANO, Octávio Bueno, MALLET, Estevão. *O direito do trabalho na Constituição*. 2ª ed. Rio de Janeiro: Forense, 1993. p. 267.

É claro que tudo vai depender dos interesses profissionais que estão em jogo, pois nada impede que estejam em discussão interesses que digam respeito apenas à determinada categoria diferenciada, até porque a própria lei autoriza que a greve seja parcial, atingindo apenas determinado departamento ou setor, inclusive se este for integrado por profissionais dessa categoria particular.

Utilizando a mesma situação do hospital que possui diversos trabalhadores que integram categorias diferenciadas em seus quadros, uma vez que se trate de interesses ligados apenas à categoria dos motoristas, dos médicos ou dos advogados, nesses casos, é o sindicato destas categorias profissionais que deve tomar a frente na greve. Portanto, nesse caso, em se tratando de interesses também diferenciados, a greve deve ser deflagrada pelo sindicato daquela categoria específica, muito embora a regra seja acionar o sindicato da categoria preponderante quando os interesses são comuns (e na maior parte das vezes o são).

Art. 6º SSão assegurados aos grevistas, dentre outros direitos:
I – o emprego de meios pacíficos tendentes a persuadir ou aliciar os trabalhadores a aderirem à greve;
II – a arrecadação de fundos e a livre divulgação do movimento.

§1º Em nenhuma hipótese, os meios adotados por empregados e empregadores poderão violar ou constranger os direitos e garantias fundamentais de outrem.

§2º É vedado às empresas adotar meios para constranger o empregado ao comparecimento ao trabalho, bem como capazes de frustrar a divulgação do movimento.

§3º As manifestações e atos de persuasão utilizados pelos grevistas não poderão impedir o acesso ao trabalho nem causar ameaça ou dano à propriedade ou pessoa.

Sumário
1. Garantias aos grevistas
2. Emprego de meios pacíficos e livre divulgação
3. Arrecadação de fundos
4. Garantia dos direitos fundamentais

5. Vedação às práticas que forcem o comparecimento
6. Persuasão e convencimento

Comentário

1. Garantias aos grevistas

Os direitos fundamentais não são meras disposições programáticas. Assim, sua efetivação prática deve ser estimulada e concretamente implementada pelo ordenamento jurídico, o que faz com que a legislação infraconstitucional (no caso a própria Lei de Greve) preveja ferramentas práticas para essa efetivação. Há que se ter instrumentos efetivos para que isso ocorra.

Afinal, não se pode esquecer que o §1º do artigo 5º da CF dispõe que as normas definidoras de direitos e garantias fundamentais têm aplicação imediata, cabendo aos Poderes constituídos lançar mão das medidas necessárias ao desenvolvimento desses direitos.

As ferramentas específicas trazidas pelo artigo 6º da Lei de Greve, em seus incisos I e II, respectivamente, são o emprego dos meios pacíficos tendentes a persuadir ou aliciar os trabalhadores a aderirem à greve e a arrecadação de fundos e a livre divulgação do movimento.

Ressalte-se que o artigo destaca a expressão "dentre outros direitos", que é anterior à exemplificação trazida pelos incisos posteriores. Assim, é incorreto interpretar que as únicas ferramentas asseguradas aos grevistas para a concretização do direito de greve diriam respeitos unicamente à utilização dos meios pacíficos de persuasão e a arrecadação de fundos e a livre divulgação do movimento. Essa visão seria demasiado reducionista e não estaria em conformidade com a natureza jurídica da greve. A interpretação, aqui, deve ser ampliativa, haja vista que, caso contrário, o direito de greve, embora com sua eficácia garantida, não teria aplicabilidade no caso concreto.

2. Emprego de meios pacíficos e livre divulgação

Contanto que estejam revestidos de caráter pacífico, é permitida a utilização de todos e quaisquer meios que se façam necessários à concretização do direito de greve. Quais e de que forma serão utilizados é matéria que compete à deliberação e escolha de cada coletividade de trabalhadores tendo, em regra, o sindicato à frente. Nesse sentido, adquirem fundamental importância os piquetes de greve.

Para António Monteiro Fernandes[121], o piquete de greve consiste em um grupo de trabalhadores, designados e articulados pela entidade (sindicato ou comissão de greve) que represente os trabalhadores numa paralisação coletiva de trabalho – e a persuasão, por meios pacíficos, para que os trabalhadores adiram à greve representa, justamente, uma definição estrita, do objetivo do piquete.

Alguns países, inclusive, sabedores de que se trata de instrumento para o exercício do direito de greve, chegam mesmo a estimulá-lo. O Código do Trabalho português dispõe que a associação sindical ou a comissão de greve pode organizar piquetes para desenvolverem atividades tendentes a persuadir, por meios pacíficos, os trabalhadores a aderirem à greve, sem prejuízo do respeito pela liberdade dos não aderentes (art. 533º).

A função persuasiva dos piquetes, para Daniel Sastre Ibarreche[122], é considerada a "mais importante, já que, sem ela, o direito de greve não é efetivo. A simples informação não basta para neutralizar uma situação de fato caracterizada pela escassa capacidade de autodeterminação do trabalhador dependente, senão que é preciso o reconhecimento do direito de os grevistas influírem sobre o resto dos trabalhadores".

Nesse ponto, é importante observar que, apesar de a greve ser iniciada com uma coletividade de trabalhadores, não exista qualquer obrigação legal determinado que a coletividade se restrinja àquele grupo que deflagrou o movimento. A intenção é exatamente contrária, ou seja, estimular a adesão voluntária dos demais trabalhadores, de forma a robustecer o movimento, o que se faz a partir do convencimento de seus pares iniciados pelos piquetes.

Também é necessário lembrar que se deve admitir seu exercício "desde que se limitem à propaganda suasória entre os colegas, não se permitindo de modo algum a coação, ou atos de violência, principalmente a ocupação do estabelecimento. O empregado que praticar qualquer dessas faltas dá motivo mais do que suficiente para o seu desligamento sumário da empresa"[123].

---

[121] FERNANDES, António Monteiro. *A lei e as greves: comentários a dezasseis artigos do Código do Trabalho* (e-book). Coimbra: Almedina, 2013. p. 55.
[122] IBARRECHE. Daniel Sastre. *El derecho al trabajo*. Madrid: Trotta, 1996. p. 147.
[123] PRADO, Roberto Barreto. *Op. cit.* p. 773.

Sobre o aliciamento, desde que este não seja violento "é permitido em todas as formas de convencimento, principalmente o contato pessoal com os companheiros de trabalho, que não estejam seguros das possibilidades de vitória, e que pretendam trabalhar. Daí a conclusão de alguns, que o aliciamento pode ser exercido até na porta da fábrica, onde devem os operários visados transitar, de maneira forçosa"[124]. É claro que o acesso às dependências não pode ser vedado, sob pena de abuso do direito de greve.

A propósito do tema, o Código Sustantivo del Trabajo da Colômbia prevê a figura dos "comitês de greve" que poderão ser criados para que os trabalhadores possam obter informações sobre o movimento, bem como para servir de canal de comunicação com os empregadores ou seus representantes (art. 447). Seu caráter, portanto, a exemplo dos piquetes, não é apenas aliciador, mas consultivo e informativo.

Segundo o Código del Trabajo da Costa Rica, uma das hipóteses configuradoras da justa causa do empregado consiste no fato de cometer atos de coação ou de violência sobre as pessoas ou as coisas ou qualquer outro ato cuja finalidade seja promover a desordem ou retirar da greve seu caráter pacífico (art. 369).

O Código del Trabajo de El Salvador dispõe que a greve deve limitar-se à suspensão pacífica do trabalho e ao abandono do local de trabalho e, em consequência, proíbe-se todo tipo de atos de violência ou coação sobre as pessoas e coisas durante o conflito (art. 534). Da mesma forma, não podem os empregadores perturbar ou prejudicar o exercício do direito de greve, podendo ser penalizada com a aplicação de multa (art. 536).

A esse propósito o emprego de meios pacíficos tendentes a persuadir ou aliciar os trabalhadores a aderirem à greve também se relaciona com a divulgação do movimento, de modo que engloba a livre circulação de informações aos demais trabalhadores acerca do movimento grevista. Atualmente, essa comunicação poderá ocorrer de diversas formas, seja por panfletos, cartazes, e-mail, internet, utilização de redes sociais etc.

3. Arrecadação de fundos

O direito à arrecadação de fundos muitas vezes é essencial à consecução dos objetivos da greve. Isso porque, implicando a greve na suspensão

---

[124] TEIXEIRA, João Régis Fassbender. *Direito do trabalho*. São Paulo: Sugestões Literárias, 1968. p. 565.

dos contratos de trabalho, e não havendo prestação de serviços, também não há pagamento de salários no período de greve. É claro que a famosa questão do "pagamento dos dias parados" poderá ser regulamentada posteriormente pelas partes, mas, ao menos enquanto perdura a greve, a regra é que os trabalhadores deixam de receber seus salários, já que não há contraprestação pelos serviços.

A atual redação "arrecadação de fundos" é bem mais apropriada do que aquela adotada na antiga Lei nº 4.330/64 que falava simplesmente em "coleta de donativos" para a manutenção do movimento paredista, o que remetia a uma ideia equivocada da greve, como se ela fosse um ato que dependesse da caridade das pessoas, o que confronta com a própria concepção do exercício de um direito fundamental e democrático, até porque o donativo nada mais é que uma doação sem compromisso de continuidade. Portanto, a lei atual, de forma correta e mais ampla, fala em arrecadação de fundos compreendendo tanto bens de quaisquer espécies, quanto valores monetários propriamente ditos. Aliás, a arrecadação de fundos, historicamente, se manifesta como uma das mais evidentes consequências dos laços de solidariedade entre a coletividade de trabalhadores, revelando a real intenção de alcance de um objetivo comum.

A arrecadação de fundos compreende o conhecido "fundo de greve", expressão consagrada entre os trabalhadores, aqui também entendido em caráter amplo, não apenas do ponto de vista monetário. Assim, é muito comum ocorrer a doação de alimentos, cestas básicas, vestuários às famílias dos trabalhadores grevistas.

Como consequência lógica, uma vez que é necessário respeitar o direito dos não aderentes à greve (que devem ser persuadidos, convencidos, nunca forçados ou coagidos) não é menos verdade que esses trabalhadores também não podem ser forçados a contribuir para o fundo de greve. Em alguns países a vedação é expressa, como no Código del Trabajo do Paraguai (art. 371). Essa vedação estende-se aos próprios grevistas que, sem prejuízo de aderirem ao movimento, também não podem ser forçados a contribuir para o fundo de greve, sob pena de coação e abuso do direito de greve.

4. Garantia dos direitos fundamentais

Quanto à greve, embora seja um direito fundamental de inegável importância, seu exercício não poderá violar os direitos ou garantias fundamentais de outrem. Nesse ponto, a previsão não diz respeito especificamente à greve nos serviços essenciais, que apesar de também tratar da limitação do direito de greve, aborda uma hipótese específica e qualificada.

A questão abordada no §2º desse dispositivo remete mesmo à ideia de que inexistem direitos fundamentais (ainda que constitucionalmente assegurados) cujo exercício se dê de forma absoluta. Isso porque, até mesmo pela carga histórica conferida à proteção dos direitos fundamentais, não se pode imaginar que exista determinado direito inserido nessa categoria dotado de tamanha força que o levasse a sempre prevalecer no caso concreto sem que seu exercício estivesse condicionado à observância de outros valores igualmente fundamentais.

Em interessante observação, Gilberto Haddad Jabur[125] critica justamente o termo "absoluto" que muitos utilizam para se referir aos direitos fundamentais ou mesmo direitos da personalidade, pois "ainda que sejam geralmente qualificados como absolutos, orientados pelo sentido de oponíveis a todos, a qualquer outro ente e ao poder público, a oponibilidade aí entrevista não é absoluta, dirige-se contra todos, mas não a todo momento, e sob qualquer circunstância. Se tenho o direito, posso opô-lo e encarecer o dever geral de abstenção ou exclusão, mas não posso, ainda que remanesça esse direito, fazer oposição incondicional, ilimitada, sem restrições, incapaz de sofrer contradição. É contra todos, mas não sempre".

Esse direito, portanto, não pode ser utilizado como pretexto para o cometimento de infrações penais e/ou civis, tanto que o artigo 15 prevê a responsabilização por ilícitos penais, civis e trabalhistas contra os agentes. Também não podem seguir a lógica da "soma-zero", ou seja, sua utilização não pode anular os direitos fundamentais de outrem, devendo-se sempre buscar uma compatibilização e harmonia recíprocas.

5. Vedação às práticas que forcem o comparecimento

A disposição do artigo 6º também é dirigida aos próprios empregadores, que não podem utilizar de meios que possam constranger ou violar os direitos dos grevistas.

A previsão é salutar, pois, conforme a advertência de Patrick Maia Merísio[126] quanto "mais ilegítimo for o movimento, mais violento será o

---

[125] JABUR, Gilberto Haddad. *Liberdade de pensamento e direito à vida privada: conflitos entre direitos da personalidade.* São Paulo: RT, 2000. p.74.
[126] MERÍSIO, Patrick Maia. *Direito coletivo do trabalho.* Rio de Janeiro: Elsevier, 2011. p. 175.

piquete, o que demonstra que o sindicato se afastou dos interesses dos trabalhadores, e pretende impor a sua vontade sobre o trabalhador" e continua, ao afirmar que o "exercício do direito de greve, muitas vezes coloca o trabalhador numa total encruzilhada: caso queira exercê-lo, enfrenta a oposição do seu empregador; caso resolva trabalhar, o sindicato o ameaça (ou seja, o empregado pode ser vítima de assédio moral por seu sindicato ou pelo empregador). A greve, no entanto, não é apenas um Direito Coletivo: cada trabalhador é soberano para nela aderir ou não, não podendo sua vontade ser limitada nem pelo empregador e muito menos pelo sindicato (art. 6º, §§1º e 2º, da Lei 7.783/1989)".

E como se trata de um direito, não são toleradas práticas dos empregadores que pretendam criar embaraços ao efetivo exercício desse direito.

O Código do Trabalho português aponta que é nulo o ato que implique coação, prejuízo ou discriminação de trabalhador por motivo de adesão ou não a greve, bem como que constitui infração muito grave o ato do empregador que implique coação do trabalhador no sentido de não aderir à greve, ou que o prejudique ou discrimine por aderir ou não à greve (art. 540º).

6. Persuasão e convencimento

As medidas adotadas pelos grevistas com vistas à pressão e à persuasão muitas vezes adquirem caráter físico, especialmente impedindo o acesso à entrada e/ou saída do estabelecimento.

É fato que essa "ação direta" mais incisiva não afeta apenas os envolvidos imediatos na greve, mas também outros empregados que não aderiram ao movimento (seja pela recusa ou porque ainda não foram persuadidos) quanto terceiros alheios às reivindicações. Numa greve no setor bancário, por exemplo, ocorre o fechamento de agências, o que afeta não apenas os trabalhadores que ficam impedidos de trabalhar, como também terceiros, os clientes do banco, que ficam impedidos de utilizar os serviços das agências.

Assim, coloca-se em evidência a questão sobre o cometimento de abuso do direito de greve, no caso da adoção de práticas que impeçam o acesso ao trabalho dos não grevistas, bem como atos que acabem implicando em ameaça ou dano contra a propriedade ou a pessoa.

Na prática, há que se tomar cuidado, pois muitas vezes é difícil identificar, de forma clara e objetiva, se os atos violentos originam-se de um pequeno grupo de grevistas, contrariando a maioria pacífica, ou se, de fato, a violência é um expediente que o movimento efetivamente adotou. A Lei de Greve, nesse aspecto, é genérica, o que importa em verificar as particularidades do caso concreto, até para que não haja sabotagem do movimento por atos intencionalmente violentos.

A Ley Federal del Trabajo do México considera ilícita a greve em que a maioria dos grevistas execute atos violentos contra as pessoas ou propriedades (art. 445). É claro que o decorrer do movimento é um período de tensão e afloramento de sentimentos, daí porque não faria sentido (e nem seria razoável) que a licitude do movimento fosse comprometida por atos reprováveis de uma ou de poucas pessoas. Daí porque a própria lei mexicana acabou utiliza a expressão "maioria" para mensurar a situação, o que é muito salutar, parâmetro que o legislador brasileiro não adotou.

No aspecto processual, uma discussão muito importante diz respeito à competência para processar e julgar ações que versem sobre a desocupação e/ou a dispersão dos grevistas. A questão é bem atual, já que é muito comum que o movimento adote como tática a ocupação da fábrica ou da empresa, ou que os trabalhadores se alojem em vias públicas, impedindo mesmo a locomoção não apenas das pessoas em geral, mas dos próprios colegas de trabalho (esse expediente, aliás, em virtude da repercussão que gera, tem sido muito utilizado nos últimos anos).

Inicialmente, muitos Juízes de Direito entendiam que a Justiça Comum seria competente para julgar a demanda, já que a questão acabava envolvendo contraposição de interesses entre os grevistas e a coletividade, ou entre os próprios grevistas entre si, e não uma relação entre trabalhadores e empregadores propriamente dita. Reforçava essa visão o fato de que não apenas a posse, sua classificação, aquisição, efeitos e perda eram todos regulados expressamente pelos artigos 1.196 a 1.224 do CC, como as próprias ações possessórias encontravam sua regulamentação no Capítulo V do CPC.

Atualmente, porém, esse entendimento não é o mais correto.

Afinal, a Emenda Constitucional nº 45/04 acrescentou o inciso II ao artigo 114 da CF, englobando na competência da Justiça do Trabalho "as ações que envolvam exercício do direito de greve" e o próprio STF, por conta da repercussão geral do tema, editou a Súmula Vinculante nº 23, para estabelecer que a "Justiça do Trabalho é competente para processar e julgar ação possessória ajuizada em decorrência do exercício do direito de greve pelos trabalhadores da iniciativa privada".

No julgamento do RE 579.648[127], que reconheceu a repercussão geral do tema, o STF concluiu pela competência da Justiça do Trabalho para apreciar e julgar ação de interdito proibitório em que se busca garantir o livre acesso de funcionários e de clientes a agência bancárias sob o risco de serem interditadas em decorrência de movimento grevista. Ressaltou-se estar diante de ação que envolve o exercício do direito de greve, matéria afeta à competência da Justiça Trabalhista, a teor do disposto no inciso II do artigo 114 da CF. Assim, pouco importa que a dependa a solução da lide de questões oriundas de Direito Civil, bastando que a questão submetida à apreciação judicial decorra da relação trabalhista, inclusive nos casos de interdito proibitório cuja causa de pedir decorrer de movimento grevista, ainda que de forma preventiva.

Nesse sentido, embora já se tenha defendido que a greve é meramente um fato social, ou uma liberdade, o fato é que ela é um direito, cuja origem e desenvolvimento ligam-se à relação de trabalho. Isso porque, seja na origem da greve, a partir de uma pauta de reivindicações, seja em sua instalação e desenvolvimento, logicamente serão utilizadas estratégias e meios de persuasão e aliciamento dos trabalhadores que podem passar do piquete ou à ocupação.

É bom lembrar que o abuso nas estratégias adotadas a título de aliciamento e persuasão tem sido punido pela Justiça do Trabalho, especialmente quando implicam em violação a direitos fundamentais de outrem.

Em exemplo recente, o TST condenou determinado sindicato profissional que cometera ato de privação de liberdade, por período seis horas, ocorrido quando da realização de greve, utilizando-se de correntes nas portas da frente e de trás do prédio onde se localizavam outros trabalhadores, já que o ato ilícito atribuído ao sindicato foi realizado em razão do movimento grevista e que, além de ter como suporte o conflito trabalhista o teria em igual medida no próprio exercício do direito de greve, ainda que a questão de fundo envolva matéria de dano moral provocado a terceiros[128].

---

[127] BRASIL. Supremo Tribunal Federal. Recurso Extraordinário nº 579.648-5 MG. Tribunal Pleno. Relatora: Ministra Cármen Lúcia. Brasília, 10.09.2008. Publicado em 06.03.2009.
[128] BRASIL. Tribunal Superior do Trabalho. 6ª Turma. Recurso de Revista nº 5869-2006-001-12-00.5. Relator: Ministro Aloysio Corrêa da Veiga. Brasília, 18.11.2009. Publicado em 27.11.2009.

Art. 7º *Observadas as condições previstas nesta Lei, a participação em greve suspende o contrato de trabalho, devendo as relações obrigacionais, durante o período, ser regidas pelo acordo, convenção, laudo arbitral ou decisão da Justiça do Trabalho.*

Parágrafo único. *É vedada a rescisão de contrato de trabalho durante a greve, bem como a contratação de trabalhadores substitutos, exceto na ocorrência das hipóteses previstas nos arts. 9º e 14.*

Sumário
1. Efeitos da greve
2. Relações obrigacionais do período
3. Proibição de dispensa e substituição

Comentário

1. Efeitos da greve

A suspensão dos contratos de trabalho representa um dos mais importantes aspectos da greve e consiste na "sustação temporária dos principais efeitos do contrato de trabalho no tocante às partes, em virtude de um fato juridicamente relevante, sem ruptura, contudo, do vínculo contratual formado"[129].

Sobre a suspensão do contrato de trabalho, essa é medida imprescindível para efetivo exercício do direito, ou seja, para lhe conferir concretude prática, uma vez que no movimento grevista "os empregados lutam por uma melhoria de suas condições de trabalho, e no objetivo da reivindicação se inclui a permanência no emprego. O exercício normal de um direito não pode constituir falta disciplinar, e muito menos ainda descumprimento de contrato de trabalho"[130].

Durante esse período cessam as principais obrigações do contrato, a saber: de um lado, o empregado deixa de prestar serviços; de outro, o empregador fica dispensado do pagamento dos salários. Assim, não há que se falar, por exemplo, em abandono de emprego pelo empregado, nem em possibilidade de rescisão indireta decorrente de falta patronal pela ausência de pagamento de salários.

---

[129] Delgado, Maurício Godinho. *Curso de direito do trabalho*. 7ª ed. São Paulo: LTr, 2008. p. 1053.
[130] Prado, Roberto Barreto. *Tratado de direito do trabalho*. Vol. II. São Paulo: LTr, 1967. p. 772.

Também é verdade que algumas das questões que mais tem suscitado o pronunciamento da Justiça do Trabalho, no tocante às questões correlatas às greves compreendem, justamente, o pagamento dos dias parados.

Nesse sentido, o TST firmou posicionamento de que salvo em situações excepcionais, o empregador não está obrigado a pagar os salários correspondentes aos dias em que não foram prestados serviços pelo empregado que aderiu à greve, independentemente da declaração de abusividade, ou não, do movimento, já que, nos termos do artigo 7º da Lei de Greve, na paralisação decorrente da greve, ocorre a suspensão do contrato de trabalho, bem como porque o risco de não recebimento de salários é inerente ao movimento e, em regra, deve ser assumido pelos seus participantes[131].

Em outra oportunidade, também entendeu que conquanto não abusiva, a greve suspende o contrato de trabalho, ressalvadas apenas algumas hipóteses específicas que estão previstas no artigo 7º. Ou seja, parte-se da premissa de que embora reconhecido o direito de greve, os trabalhadores sujeitam-se ao risco da paralisação da prestação de serviços, o que englobaria, inclusive, a suspensão dos contratos dos servidores públicos, ensejando a possibilidade de desconto dos dias parados, ressalvada, claro, a hipótese de o empregador contribuir decisivamente, mediante conduta recriminável, para que a greve ocorra, como no caso de atraso do pagamento de salários ou no caso de "lock-out" e de acordo entre as partes[132].

Algumas obrigações, entretanto, remanescem, dentre elas aquelas decorrentes da boa fé contratual, tais como os deveres de lealdade e fidelidade, enfim, condutas que exigem, por exemplo, que se observe a não concorrência, não violação de segredo de empresa etc.

Importante ressaltar que a ideia da suspensão das obrigações contratuais é relativamente fluida, até porque o mundo do trabalho por vezes acaba exigindo a manutenção de outras obrigações, algumas até mesmo acessórias, mas que são imprescindíveis à proteção da saúde do trabalhador e de sua dignidade e de sua família, como por exemplo, no caso de

---

[131] BRASIL. Tribunal Superior do Trabalho. 8ª Turma. Recurso de Revista nº 4416-30.2012.5.12.0002. Relatora: Ministra Dora Maria da Costa. Brasília, 02.10.2013. Publicado em 04.10.2013.

[132] BRASIL. Tribunal Superior do Trabalho. 8ª Turma. Recurso de Revista nº 202200-73.2009.5.02.0042. Relator: Ministro Márcio Eurico Vitral Amaro. Brasília, 06.11.2013. Publicado em 08.11.2013.

manutenção do plano de saúde ofertado pela empresa. Nesse sentido, segundo a Súmula nº 440 do TST, assegura-se o direito à manutenção de plano de saúde ou de assistência médica oferecido pela empresa ao empregado, não obstante suspenso o contrato de trabalho em virtude de auxílio doença acidentário ou de aposentadoria por invalidez. Logicamente que, por analogia, durante a greve, também deve ser observada essa determinação.

A suspensão contratual, em verdade, é o verdadeiro mecanismo que confere efetividade ao direito de greve, de modo que sua ausência importaria apenas na enunciação teórica do direito, e por ser dotada de tamanha importância, é reiteradamente assegurada na legislação de diversos países.

O Código do Trabalho português prevê que a greve suspende o contrato de trabalho de trabalhador aderente, incluindo o direito à retribuição e os deveres de subordinação e assiduidade (art. 536º). Assim, durante a greve, mantêm-se, além dos direitos, deveres e garantias das partes que não pressuponham a efetiva prestação do trabalho, os direitos previstos em legislação de seguridade social e as prestações devidas por acidente de trabalho ou doença profissional, sendo que o período de suspensão conta-se para efeitos de antiguidade e não prejudica os efeitos decorrentes desta (art. 536º).

O Estatuto de los Trabajadores da Espanha (art. 45) dispõe que o contrato de trabalho poderá ser suspenso em várias hipóteses, dentre as quais no caso do exercício do direito de greve.

Uma disposição muito interessante no Código del Trabajo do Chile dispõe que durante a greve, os trabalhadores poderão efetuar trabalhos temporários, fora da empresa, sem que isso signifique o término do contrato de trabalho com o empregador, podendo mesmo continuar a efetuar as contribuições para a Seguridade Social junto aos órgãos pertinentes (art. 377). Certamente essa previsão decorre da efetiva ciência de que, no período de suspensão contratual, o trabalhador não aufere sua remuneração.

Diga-se mais: no caso de trabalhadores contratados por prazo determinado, o tempo de afastamento, se assim acordarem as partes interessadas, não será computado na contagem do prazo para a respectiva terminação, conforme prevê o §2º do artigo 443 da CLT.

2. Relações obrigacionais do período

Muito embora a greve implique na suspensão dos contratos de trabalho dos grevistas, é sabido que a paralisação deve ser temporária. Mas também não é menos verdade que a greve está circunscrita de incerteza e medo – incertezas porque a greve é apenas um instrumento, mas não garantia em alcançar determinado resultado; medo, pois não se sabe se as reivindicações serão atendidas e, menos ainda, se ocorrerão situações que acabem por retirar o caráter lícito da greve.

Daí porque a solução quanto às relações obrigacionais hauridas no período da paralisação são remetidas à regulamentação em acordo, convenção, laudo arbitral ou decisão da Justiça do Trabalho; eis a grande esperança dos grevistas e, em muitos casos, o único lugar de onde se pode esperar segurança, cuja necessidade é, portanto, fundamental; está na base da afetividade e da moral humanas. A insegurança é símbolo de morte e a segurança símbolo de vida[133] e, num movimento de dimensão coletiva, essa constatação fica ainda mais relevante.

As relações obrigacionais que envolvem as partes envolvidas numa greve são complexas e diversas. Com a previsão da parte final do dispositivo em análise, confere-se uma liberdade muito grande às partes para estabelecerem, de comum acordo, quais as regras que serão adotadas para tratar das situações que surgiram no decorrer da greve. Parte-se da premissa de que ninguém melhor que os próprios envolvidos para acordarem sobre as relações obrigações no período. A Lei de Greve prestigia, assim, a negociação coletiva entre os envolvidos e a diretiva recomendada pela própria OIT, no sentido de que o melhor entendimento é sempre aquele levado a cabo pelas partes conflitantes – e a discricionariedade embutida nessa regulação é ampla, podendo envolver os mais diversos aspectos, por exemplo, pagamento de salários, faltas, compensação dos dias etc.

Assim, ao atribuir às próprias partes, num primeiro momento, a prerrogativa de tratarem internamente dessas questões, buscou a lei assegurar o respeito ao primado da autonomia privada coletiva, de modo que somente questões pontuais são tratadas pela lei, por exemplo, a suspensão dos contratos de trabalho.

---

[133] DELUMEAU, Jean. *História do medo no Ocidente: 1300-1800, uma cidade sitiada.* Trad. Maria Lucia Machado. São Paulo: Companhia das Letras, 2001. p. 19.

Porém, nada impede que, em eventual negociação, as partes convencionem, até mesmo para atender às peculiaridades do caso concreto, que os dias parados não sejam descontados, mas que possa haver uma compensação com novos dias de trabalho, pagamento parcial etc.

A esse propósito já se pronunciou o TST, no sentido de que a greve acarreta a suspensão do contrato de trabalho e, portanto, como regra geral, não é devido o pagamento dos dias de paralisação; existem, no entanto, algumas ressalvas, como quando a questão é negociada entre as partes, com a possibilidade de compensação dos dias não trabalhados e/ou o pagamento parcial, ou em situações excepcionais, como a paralisação motivada por descumprimento do instrumento normativo coletivo vigente, não-pagamento de salários e más-condições de trabalho[134].

É claro que, não havendo consenso em relação a tais questões, a Justiça do Trabalho deverá se manifestar, eis que se trata de matéria afeta à competência que lhe foi atribuída pelo artigo 114 da CF, e até porque, pelo mesmo diploma, nenhuma lesão ou ameaça a direito será excluída da apreciação jurisdicional (art. 5º, II).

Nada impede, entretanto, que as partes convencionem pela reposição das horas perdidas durante a paralisação. Também pode o próprio empregador espontaneamente abonar os dias parados (afinal, ao assumir os riscos do negócio ele pode entender que essa é a melhor maneira de dirigir a empresa, até para pacificar eventuais tensões remanescentes da situação de conflito outrora deflagrada). Todavia, na prática isso somente se tem verificado no caso de poucos dias parados, mas não em greves de longa duração.

Enfim, é a própria autonomia coletiva o melhor caminho para pacificação das questões pendentes.

Cabe ainda lembrar que, embora a Lei de Greve nada aponte sobre a questão específica dos dias parados, o que é plenamente salutar, o parágrafo único do artigo 20 da antiga Lei nº 4.330/64 assegurava aos grevistas o pagamento dos salários durante o período da sua duração e o cômputo do tempo de paralisação como de trabalho efetivo, se deferidas, pelo empregador ou pela justiça do Trabalho, as reivindicações formuladas pelos empregados, total ou parcialmente.

---

[134] BRASIL. Tribunal Superior do Trabalho. Seção Especializada em Dissídios Coletivos. Agravo Regimental nº 5001-87.2013.5.00.0000. Relator: Ministro Carlos Alberto Reis de Paula. Brasília, 09.09.2013. Publicado em 20.09.2013.

Em suma, se as reivindicações fossem atendidas, ou espontaneamente, ou pelo Judiciário, o empregador era obrigado a abonar as faltas, ou seja, além de interferir indevidamente nas prerrogativas do empregador, ainda se inviabilizava a negociação coletiva sobre o tema. Felizmente a atual legislação não repetiu essa previsão.

3. Proibição de dispensa e substituição

Como a greve é um instrumento que possibilita a melhoria das condições de trabalho, não haveria como conferir efetividade ao exercício desse direito fundamental, caso se possibilitasse a rescisão dos contratos de trabalho dos aderentes.

O mesmo ocorre com a substituição dos grevistas que também é vedada pelo tempo em que perdurar a greve, pois, do contrário, toda e qualquer força ou poder de pressão do movimento grevista estaria perdida. De nada adiantaria, por exemplo, uma greve por aumento de salário, se a legislação possibilitasse a dispensa dos trabalhadores insatisfeitos e a contração de outros que poderiam aceitar as condições de trabalho contra as quais os outros se opuseram. Fosse isso possível, haveria um evidente círculo vicioso de precarização do trabalho.

Também é possível identificar essa ideia, muito importante, aliás, na legislação de outros países, como no Código do Trabalho de Portugal ao dispor que o empregador não pode, durante a greve, substituir os grevistas por pessoas que, à data do aviso prévio, não trabalhavam no respectivo estabelecimento ou serviço; igualmente; não é permitido, desde aquela mesma data, admitir trabalhadores em caráter de substituição (art. 535, '1').

Essa garantia, porém, não é absoluta, uma vez que a lei permite a substituição dos grevistas, no caso do artigo 9º para que seja possível a manutenção dos equipamentos que ficariam danificados no caso de paralisação e também na hipótese do artigo 14, caso houvesse a manutenção da paralisação após a celebração de acordo ou decisão judicial.

É claro que, uma vez não cumpridas as exigências da Lei de Greve, ou seja, no caso de greve abusiva, não subsistem nem a vedação à rescisão contratual, nem mesmo a impossibilidade de contratação de trabalhadores substitutos.

Art. 8º A Justiça do Trabalho, por iniciativa de qualquer das partes ou do Ministério Público do Trabalho, decidirá sobre a procedência, total ou parcial, ou improcedência das reivindicações, cumprindo ao Tribunal publicar, de imediato, o competente acórdão.

Sumário
1. Dissídio coletivo de greve
2. Exigência do comum acordo
3. Competência da Justiça do Trabalho

Comentário

1. Dissídio coletivo de greve
O artigo citado determina que qualquer das partes interessadas no desfecho da negociação coletiva, inclusive o MPT, pode acionar o Poder Judiciário, que decidirá pela procedência ou improcedência total ou parcial do pleito.

A legitimidade para o ajuizamento do dissídio incumbe às entidades sindicais e profissionais, mas também à comissão de trabalhadores, na hipótese do artigo 5º da Lei de Greve. Todos os legitimados podem figurar como sujeitos ativos ou passivos; tudo vai depender do fundamento da demanda.

Nesse sentido, o TST entende que havendo o fato social da greve, e em vista do elevado interesse social que existe na célere solução do conflito, a regência da ordem jurídica indica que, independentemente da área, categoria ou atividade, a legitimidade para propositura do dissídio coletivo é ampla, quer pelo MPT, quer pelo empregador ou seu sindicato, quer pelo sindicato de trabalhadores[135].

A antiga Orientação Jurisprudencial nº 12 da SDC do TST (hoje cancelada) dispunha que não se legitima o sindicato profissional a requerer judicialmente a qualificação legal de movimento paredista que ele próprio fomentou.

---

[135] Brasil. Tribunal Superior do Trabalho. Seção Especializada em Dissídios Coletivos. Recurso Ordinário nº 2020800-24.2009.5.02.000. Relator: Ministro Maurício Godinho Delgado. Brasília, 13.11.2012. Publicado em 23.11.212.

Porém, a jurisprudência do TST foi revista, reconhecendo-se a legitimação de qualquer das partes atingidas pelo movimento grevista para provocar o Judiciário, a fim de dirimir o conflito coletivo de greve. Nesse sentido, aquela Corte passou a entender que, a partir da EC nº 45/04, foi atribuída à Justiça do Trabalho competência para instruir e julgar, indistintamente, as ações que envolvam o exercício do direito de greve, de modo que a Constituição reconheceu a legitimação de qualquer uma das partes atingidas pelo movimento grevista para provocar o exercício do poder normativo de que foi investido o Judiciário Trabalhista para dirimir o conflito coletivo de greve, não mais prevalecendo, assim, o entendimento vertido na Orientação Jurisprudencial nº 12 da SDC[136].

O MPT também detém legitimidade para buscar o pronunciamento da Justiça do Trabalho.

É curioso notar que, antigamente, o MPT intervia em todos os tipos de greve, mas com o advento da EC nº 45/04, a atuação daquele órgão ficou reservada aos casos de greves em serviços essenciais.

O próprio §3º do artigo 114 da CF dispõe que, em caso de greve em atividade essencial, com possibilidade de lesão do interesse público, o MPT poderá ajuizar dissídio coletivo, competindo à Justiça do Trabalho decidir o conflito – nesse caso, o que se tem em jogo é a tutela dos direitos metaindividuais. Assim, em função da nova redação constitucional, a legitimidade do MPT para o ajuizamento de dissídio coletivo de greve, restringe-se aos serviços essenciais e quando houver a possibilidade de lesão ao interesse público. Nas demais questões, a legitimidade caberá às partes diretamente envolvidas – e essa é, inclusive, a melhor maneira de estimular a negociação coletiva e a continuidade do diálogo entre as partes, até uma eventual composição de interesses.

Interessante notar que, muito embora seja incontroversa a legitimidade das entidades sindicais, o que se verifica é que, no mais das vezes, é apenas o MPT "que vem agindo como titular na defesa de interesses e direitos metaindividuais dos trabalhadores, posto que os sindicatos, ainda atrelados à tutela no bojo do processo individual, não vem utilizando os instrumentos existentes na legislação para tanto, o que termina por im-

---

[136] BRASIL. Tribunal Superior do Trabalho. Seção Especializada em Dissídios Coletivos. Recurso Ordinário nº 2022200-78.2006.5.02.000. Relator: Ministro Walmir Oliveira da Costa. Brasília, 08.03.2010. Publicado em 19.03.2010.

pedir a formação de jurisprudência e dificulta a pesquisas de questões práticas"[137].

2. Exigência do comum acordo

Com o advento da EC nº 45/04, houve uma importante alteração do tratamento constitucional conferido aos dissídios coletivos.

Assim, o §2º do artigo 114 da CF passou a dispor que se recusando qualquer das partes à negociação ou à arbitragem, é facultado às mesmas, de comum acordo, ajuizar dissídio coletivo de natureza econômica, podendo a Justiça do Trabalho decidir o conflito, respeitadas as disposições mínimas legais de proteção ao trabalho, bem como as convencionadas anteriormente.

Essa nova previsão passou a criar questionamentos sobre a necessidade e o alcance da expressão "comum acordo" para ajuizamento dos dissídios coletivos. A questão criou celeuma doutrinária e jurisprudencial[138], vindo à tona a seguinte indagação: para o ajuizamento por uma das partes do dissídio coletivo de greve é necessária ou não a concordância da outra parte? Em outras palavras, é autorizado o ajuizamento unilateral desse tipo de demanda?

Tome-se, por exemplo, a seguinte situação prática: em meio a uma negociação o sindicato dos trabalhadores não tem suas reivindicações atendidas, chegando num ponto em que se decide pela deflagração da

---

[137] NAHAS, Thereza Christina. *Legitimidade ativa dos sindicatos: defesa dos direitos e interesses individuais homogêneos no processo do trabalho, processo de conhecimento.* São Paulo: Atlas, 2001. p. 133.

[138] Sobre a questão, Carlos Henrique Bezerra Leite observa que, pela nova redação dada pela EC 45/2004 ao §2º, caso uma das partes não concorde com a propositura do dissídio coletivo de natureza econômica "a Justiça do Trabalho deverá extinguir o processo, sem resolução do mérito, por inexistência de acordo entre as partes para o ajuizamento da demanda. Além disso, certamente haverá cizânia doutrinária e jurisprudencial acerca da constitucionalidade do novel §2º do art. 114 da CF introduzido pela EC n. 45/2004, pois há entendimento de que essa regra fere o princípio da inafastabilidade do acesso à justiça (CF, art. 5º, XXXV), mas também há quem entenda que o dissídio coletivo de natureza econômica implica criação de direito novo (interesse para instituição de novas normas de trabalho), e não lesão a direito subjetivo preexistente, ou seja, o princípio constitucional não seria violado porque não se trata de hipótese de *lesão ou ameaça a direito subjetivo*, e sim de *interesse da categoria na criação de direito novo*. Com a palavra o Supremo Tribunal Federal" (LEITE, Carlos Henrique Bezerra. *Curso de direito processual do trabalho.* 6ª ed. São Paulo: LTr, 2008. p. 1081).

greve. Discordando da decisão, o empregador invoca a previsão do artigo 5º, XXXV da CF que determina que nenhuma lesão a direito será excluída da apreciação do Poder Judiciário e, assim, ajuíza um dissídio coletivo de greve; por sua vez, o sindicato invoca a previsão do §2º do artigo 114 da CF, discordando do ajuizamento. Essa situação criaria um evidente impasse quanto à busca pela tutela jurisdicional.

Alguns defendem que é necessário o comum acordo, pois, nesse caso, o dissídio coletivo de greve busca a satisfação de uma necessidade econômica, enquadrando-se, pois, na previsão do §2º do artigo 114 da CF.

Entendemos, porém, que nos casos de ajuizamento de dissídio coletivo de greve não é necessário o comum acordo.

Primeiro, porque a EC nº 45/2004 trouxe restrição considerável ao dissídio coletivo de natureza econômica, atribuindo à expressão "comum acordo" a condição de verdadeiro pressuposto constitucional.

Segundo, porque a situação que circunscreve a greve já é um fato social de gravidade, ou seja, uma situação de extremo litígio, sendo que haveria uma contradição na hipótese de negativa das partes em definir uma negociação coletiva, mas concordar em submeter às questões ao Poder Judiciário. Ou seja, se nem as partes puderam conciliar seus interesses, por que então aceitariam a imposição de um órgão estranho ao conflito estabelecendo regras às partes?

O TST firmou entendimento nesse sentido, exigindo que apenas nos dissídios coletivos econômicos, instaurados sem greve, deve ser observado o pressuposto processual do comum acordo, fixado pela EC nº 45/04, em seu §2º do artigo 114 da CF[139].

De qualquer forma, reforçando essa visão, é imperioso notar que no dissídio coletivo de greve, o Tribunal "apenas irá decidir quanto à abusividade ou não do movimento paredista. Em seu objeto, portanto, não se incluiu a possibilidade do tribunal estabelecer novas normas e condições de trabalho, o que é exclusivo do dissídio de natureza econômica"[140].

---

[139] BRASIL. Tribunal Superior do Trabalho. Seção Especializada em Dissídios Coletivos. Recurso Ordinário nº 2027900-30.2009.5.02.000. Relatora: Ministra Kátia Magalhães Arruda. Brasília, 13.05.2013. Publicado em 17.05.2013.

[140] MEIRELES, Edilton. *Competência e procedimento na justiça do trabalho: primeiras linhas da reforma do Judiciário*. São Paulo: LTr, 2005. p. 88.

3. Competência da Justiça do Trabalho

Antigamente, já se chegou a apontar que existiriam dúvidas sobre a competência da Justiça do Trabalho, para dirimir as questões que versassem sobre os mais diversos aspectos da greve, eis que o artigo 114 da CF nada especificava sobre o tema. Esse entendimento chegou a prevalecer por um bom tempo.

Com a EC nº 45/04, entretanto, importantes alterações ocorreram e acabaram por sepultar qualquer dúvida sobre a competência da Justiça do Trabalho. Assim, com a adição do inciso II ao artigo 114 da CF, fixou-se que também compete à Justiça do Trabalho processar e julgar "as ações que envolvam o exercício do direito de greve".

Além disso, com a inserção do §2º ao referido artigo 114, verifica-se que se recusando qualquer das partes à negociação coletiva ou à arbitragem, é facultado às mesmas, de comum acordo, ajuizar dissídio coletivo de natureza econômica, podendo a Justiça do Trabalho decidir o conflito, respeitadas as disposições mínimas legais de proteção ao trabalho, bem como as convencionadas anteriormente, o que sepultou eventuais dúvidas sobre o tema.

Uma vez que se decida sobre a procedência, procedência total ou parcial, ou improcedência das reivindicações, cumpre ao Tribunal que analisou a questão publicar, de imediato, o competente acórdão.

A lei não trouxe nenhum critério processual no tocante à quantificação do prazo para que tal decisão venha a ser publicada, mas claramente demonstra que existe um sentimento de urgência em tornar pública a decisão, haja vista que o pano de fundo é uma situação eminentemente conflitiva que urge por uma solução.

Nesse sentido, um critério que poderia ser utilizado é aquele trazido pelo §2º do artigo 7º da Lei nº 7.701/88, que dispõe sobre a especialização das turmas nos Tribunais Regionais do Trabalho determinando que não publicado o acórdão nos vinte dias subseqüentes ao julgamento, poderá qualquer dos litigantes ou o MPT interpor recurso ordinário, fundado, apenas, na certidão de julgamento, inclusive com pedido de efeito suspensivo, pagas as custas, se for o caso, bem como que, publicado o acórdão, reabrir-se-á o prazo para o aditamento do recurso interposto.

Art. 9º   Durante a greve, o sindicato ou a comissão de negociação, mediante acordo com a entidade patronal ou diretamente com o empregador, manterá em atividade equipes de empregados com o propósito de assegurar os serviços cuja paralisação resultem em prejuízo irreparável, pela deterioração irreversível de bens, máquinas e equipamentos, bem como a manutenção daqueles essenciais à retomada das atividades da empresa quando da cessação do movimento.

Parágrafo único. Não havendo acordo, é assegurado ao empregador, enquanto perdurar a greve, o direito de contratar diretamente os serviços necessários a que se refere este artigo.

Sumário
1. Funcionamento das atividades da empresa

Comentário

1. Funcionamento das atividades da empresa

O exercício do direito de greve deve ser compatibilizado com outros direitos previstos na CF, entre eles o direito à propriedade privada (art. 5º, XXII) e à livre iniciativa (art. 1º, IV e 170). Assim não pode a greve inviabilizar, prejudicar, obstaculizar ou comprometer a retomada das atividades da empresa.

No decorrer da greve, o sindicato ou a comissão de negociação, mediante acordo com a entidade patronal ou diretamente com o empregador, manterá em atividade equipes de empregados com o propósito de assegurar os serviços cuja paralisação resulte em prejuízo irreparável, pela deterioração irreversível de bens, máquinas e equipamentos, como a manutenção daqueles essenciais à retomada das atividades da empresa quando da cessação do movimento.

Não se tratam de serviços essenciais, embora com eles possam se confundir. Aqui, em verdade, aborda-se o nível mínimo de funcionamento em determinada atividade, independentemente de se tratar de serviço essencial ou não (seja público ou privado), muito embora a lei não traga nenhuma definição sobre o que venham a ser tais esses serviços ou atividades. O conceito é aberto.

Pode-se dizer, com base no texto legal, que se tratam das atividades internas de determinadas empresa que, dada sua natureza, se não forem mantidas mesmo durante a paralisação, podem fulminar a atividade empresarial. Em tais situações podem ser enquadradas atividades que dependem de maquinário que deve ficar constantemente ligado, que demande operação ou manutenção contínua, como refrigeração, aquecimento, cultivo de alimentos, remédios, substâncias químicas, biológicas, pecuária etc.

Disposição semelhante é trazida pelo Código del Trabajo chileno, ao dispor que em caso de greve em empresa cuja paralisação provoque um dano atual e irreparável em seus bens materiais ou um dano à saúde dos usuários do estabelecimento assistencial ou de saúde, ou que preste serviços essenciais, o sindicato ou comissão de trabalhadores é obrigado a proporcionar pessoal indispensável à execução das operações cuja paralisação possa causar esse dano (art. 380).

Caso não haja acordo, é facultado em empregador, enquanto perdurar a greve, o direito de contratar diretamente os serviços necessários. Não se trata de ato patronal abusivo que vise prejudicar o direito de greve, mas apenas de exceção legal à vedação à contratação de trabalhadores substitutos, tal como consta do parágrafo único do artigo 7º da Lei de Greve.

Essa situação se aproxima da hipótese prevista no §1º do artigo 443 da CLT que, a propósito dos contratos por prazo determinado, menciona como uma das possibilidades para essa modalidade contratual a ocorrência de acontecimento suscetível de previsão aproximada, já que a greve é a suspensão temporária dos serviços, não definitiva.

Daí porque essa a contratação dos serviços pode ser obtida junto às pessoas jurídicas especializadas, quais sejam as empresas de trabalho temporário, cuja atividade é regulada pela Lei nº 6.019/74, ou até mesmo mediante contrato de trabalho por prazo determinado[141].

O Código do Trabalho de Portugal segue igualmente nessa linha, havendo previsão específica segundo a qual a tarefa a cargo de trabalhador em greve não pode, durante esta, ser realizada por empresa contratada para esse fim, salvo em caso de descumprimento dos serviços mínimos necessários à satisfação das necessidades sociais impreteríveis ou à segurança e manutenção de equipamento e instalações e na estrita medida

---

[141] MARTINS, Sergio Pinto. *Op. cit.* p. 866.

necessária à prestação desses serviços constituindo infração muito grave a violação de tais disposições (art. 535, '2' e '3').

É importante ter em conta que o direito de greve possui natureza constitucional, mas ele não pode adquirir tal amplitude que acabe solapando o direito de propriedade, até porque, uma vez que o exercício desse último é condicionado a sua função social[142], o comprometimento da empresa ameaçaria a própria sociedade. E assim, haveria o comprometimento de um dos princípios da ordem econômica (art. 170, II) e a violação ao direito de propriedade (art. 5º, II), ambos também constitucionalmente previstos e assegurados a seus titulares.

Art. 10º   São considerados serviços ou atividades essenciais:
I – tratamento e abastecimento de água; produção e distribuição de energia elétrica, gás e combustíveis;
II – assistência médica e hospitalar;
III – distribuição e comercialização de medicamentos e alimentos;

---

[142] Sobre a função social da propriedade, observa Francisco Thomaz Van Acker que o esse conceito "não tem sido suficientemente esclarecido, confundindo-se com as restrições ao exercício do direito de propriedade", podendo-se dizer que com "fundamento nesse dever constitucional, intrínseco ao direito constitucional de propriedade privada, a lei pode definir o uso ou usos que devem ser dados à propriedade" (ACKER, Francisco Thomaz Van. "Ética e justiça – Declarações de direitos e função social da propriedade". In: COIMBRA, José de Ávila Aguiar (Org.). *Fronteiras da Ética*. São Paulo: Senac, 2002. p. 217). Para Teori Albino Zavascki, entende-se por função social da propriedade "o princípio que diz respeito à utilização dos bens, e não à sua titularidade jurídica, a significar que sua força normativa ocorre independentemente da específica consideração de quem detenha o título jurídico de proprietário. Os bens, no seu sentido mais amplo, as propriedades genericamente consideradas, é que estão submetidas a uma destinação social, e não o direito de propriedade em si mesmo. Bens, propriedades são fenômenos da realidade. Direito – e, portanto, direito da propriedade – é fenômeno do mundo dos pensamentos. Utilizar bens, ou não utilizá-los, dar-lhes ou não uma destinação que atenda aos interesses sociais, representa atuar no plano real, e não no campo puramente jurídico. A função social da propriedade (que seria melhor entendida no plural, "função social das propriedades"), realiza-se ou não, mediante atos concretos, de parte de quem efetivamente tem a disponibilidade física dos bens, ou seja, do possuidor, assim considerado no mais amplo sentido, seja ele titular do direito de propriedade ou não, seja ele detentor ou não de título jurídico a justificar sua posse" (ZAVASCKI, Teori Albino. "A tutela da posse na Constituição e no projeto do Novo Código Civil". In: MARTINS-COSTA, Judith (Org.). *A reconstrução do Direito Privado*. São Paulo: RT, 2002. p. 844).

IV – funerários;
V – transporte coletivo;
VI – captação e tratamento de esgoto e lixo;
VII – telecomunicações;
VIII – guarda, uso e controle de substâncias radioativas, equipamentos e materiais nucleares;
IX – processamento de dados ligados a serviços essenciais;
X – controle de tráfego aéreo;
XI – Compensação bancária.

Sumário
1. Serviços ou atividades essenciais

Comentário

1. Serviços ou atividades essenciais
A questão da deflagração da greve nos serviços ou atividades essenciais é talvez o ponto mais sensível da greve, ou, pelo menos, aquele que gera a maior repercussão social.

Desde logo é bom registrar que a relação de atividades trazidas no artigo não funciona como uma proibição da greve, como já chegou a ocorrer em períodos anteriores; em verdade, mesmo nos serviços ou atividades essenciais o direito de greve é garantido. Aqui, porém, existe uma condicionante ao exercício desse direito, de modo que, se deixar de ser cumprida a condição trazida pelo artigo em questão, a greve será ilegal. A partir desse ponto de vista, qualquer atividade excluída do rol englobaria um movimento grevista com exigências mais livres que aquelas destinadas às atividades essenciais.

Com efeito, não se nega que, até por expressa previsão constitucional, a greve é um direito de caráter fundamental, e está inserida no rol daqueles direitos que, segundo Konrad Hesse[143], constituem o fundamento inquestionável da vida política, forjando a consciência de governantes e

---

[143] Hesse, Konrad. *Temas fundamentais do direito constitucional*. Textos selecionados e traduzidos por Carlos dos Santos Almeida, Gilmar Ferreira Mendes e Inocêncio Mártires Coelho. São Paulo: Saraiva, 2009. p. 28, 33, 36.

governados, sendo princípios objetivos não só do ordenamento constitucional, mas também do ordenamento jurídico em seu conjunto, criando e mantendo as condições elementares para assegurar uma vida em liberdade e a dignidade humana.

Os direitos fundamentais tanto influenciam no sistema jurídico que não tem por objeto apenas as relações jurídicas entre os cidadãos com os poderes públicos, mas regulam também as relações travadas entre particulares[144], ou seja, estão intimamente ligados à própria dinâmica da relação jurídica estabelecida contratualmente entre patrão e empregado. E também abrangem a coletividade, a população que depende da prestação dos serviços ou atividades essenciais, ou seja, irradiam efeitos múltiplos em todas as relações jurídicas.

Sobre esse aspecto, é necessário lembrar que a dignidade da pessoa humana foi elevada a princípio fundamental pelo artigo 1º III da CF, sendo um dos fundamentos do Estado Democrático de Direito, ao lado da soberania, cidadania, valorização social do trabalho e da livre iniciativa e o pluralismo político.

E por meio da incidência do princípio da dignidade da pessoa humana, cuja abrangência envolve um dever geral de respeito de todos por todos, esclarecedora a opinião de Ingo Wolfgang Sarlet[145] sobre o tema: "Assim, se da dignidade – na condição de princípio fundamental – decorrem direitos subjetivos à sua proteção, respeito e promoção (pelo Estado e particulares), seja pelo reconhecimento de direitos fundamentais específicos, seja de modo autônomo, igualmente haverá de se ter presente a circunstância de que a dignidade implica também, em *ultima ratio* por força de sua dimensão intersubjetiva, a existência de um dever geral de respeito por parte de todos (e de cada um isoladamente) os integrantes da comunidade de pessoas para com os demais e, para além disso e, de certa forma, até mesmo um dever das pessoas para consigo mesmas".

---

[144] CONCI, Luiz Guilherme Arcaro. Colisões de direitos fundamentais nas relações jurídicas travadas entre particulares e a regra da proporcionalidade: potencialidades e limites da sua utilização a partir da análise de dois casos. *Revista Diálogo Jurídico*. Salvador, n. 17, 2008. Disponível em: <http://www.direitopublico.com.br/novo_site/revistas/12192906/colisoes_de_direitos_fundamentais_-_guilherme_conci.pdf>. Acesso em: 23 abr. 2014.

[145] SARLET, Ingo Wolfgang. *Dignidade da pessoa humana e direitos fundamentais na Constituição Federal de 1988*. 9ª ed. Porto Alegre: Livraria do advogado, 2011. p. 136.

Assim, verifica-se que o "direito de greve não é absoluto e deve ser compatibilizado, sem a perda de sua eficácia, com os interesses da coletividade que pressupõem a continuidade da prestação dos serviços que não podem ser interrompidos e que, em consequência, estão sobrepostos ao alcance da greve"[146]. Isso porque não existe um direito fundamental absoluto, já que eles "encontram sua limitação caso colidam com outros direitos fundamentais, os chamados limites resultantes dos direitos de terceiros, ou quando são exercidos de forma abusiva, os chamados limites resultantes da moral e dos interesses da sociedade"[147].

O que se entende por serviços essenciais no sentido estrito da palavra, como informa Manuel Montt Balmaceda[148] depende em grande medida das condições próprias de cada país, sendo que esse conceito não é absoluto, já que um serviço não essencial pode converter-se em um sérico essencial quando a duração de uma greve ultrapassa certo período ou certo alcance e põe em perigo a vida, a segurança da pessoa ou a saúde de toda a população.

A Lei de Greve enumera um rol com onze atividades essenciais nas quais há uma restrição ao exercício do direito de greve, pois o que está em jogo são os interesses urgentes de toda a coletividade.

O rol acima descrito é taxativo ou exemplificativo?

Para alguns, o rol de atividades essenciais não é taxativo, mas exemplificativo. Nesse sentido, já direcionava o Decreto-lei nº 9.070/46 ao utilizar a expressão "atividades fundamentais" – embora hoje a denominação correta seja "atividades essenciais" – segundo o qual o rol poderia ser ampliado por ato do Ministro do Trabalho, Indústria e Comércio, por meio de Portaria. Para essa corrente, portanto, se já em 1946, como indicava o Decreto, se entendia que o rol não era taxativo, na atualidade marcada por constantes mutações sociais, mais ainda se justificaria o caráter exemplificativo do rol, especialmente num atual estágio de tomada de consciência em que a coletividade reivindica cada vez mais direitos e prestações estatais.

Entendemos, porém, que o rol é exaustivo.

---

[146] NASCIMENTO, Amauri Mascaro. *Comentários à Lei de Greve*. p. 113-114.

[147] MIRANDA, Jorge. *Escritos Vários sobre Direitos Fundamentais*. Estoril: Princípia, 2006. p. 74.

[148] BALMACEDA, Manuel Montt. *Principios de derecho internacional del trabajo: La OIT*. 2ª ed. Santiago: Editorial Jurídica del Chile, 1998. p. 215.

Isso porque a restrição destinada ao exercício fundamental de greve, como já visto, é trazida a partir dos critérios e parâmetros contidos na Lei de Greve. E na greve em serviços ou atividades essenciais existem restrições muito importantes, como o pré-aviso especial, a obrigação de manutenção dos serviços mínimos e até mesmo a possibilidade de intervenção estatal.

Reforça esse ponto de vista o princípio da reserva legal contido no inciso II, do artigo 5º da CF, segundo o qual, "ninguém será obrigado a fazer ou deixar de fazer alguma coisa senão em virtude de lei", ainda mais em se tendo como pano de fundo um direito fundamental (de greve), cujo exercício deve ser sempre maximizado. Não se pode esquecer a correta observação de Virgílio Afonso da Silva[149] para quem os direitos fundamentais possuem verdadeiro caráter de "norma-princípio", exigindo sua realização na maior medida do possível, sempre visando o mais, nunca o menos.

A interpretação do rol do artigo 11, de acordo com o quanto exposto, deve ser restritiva, inclusive para que se evite o cometimento de abuso dos Estados que, eventualmente, optem por inserir na lei serviços ou atividades que somente detém essa qualidade de forma fictícia e que pretendam embaraçar o exercício do direito. Inclusive a atual sistemática é muito mais democrática, já que antes a própria Lei nº 4330/64 previa que o rol de atividades essenciais poderia ser alterado por mero Decreto Presidencial, de modo que o enquadramento ficava dependendo do bel prazer de uma única pessoa, numa clara tentativa de manter os movimentos de trabalhadores sob o controle do Executivo.

Além disso, também há que se ter em conta que o rol em questão está longe de ser pequeno, já que "os onze incisos escondem, na verdade, mais de trinta hipóteses, pois vários segmentos foram enfeixados em uma só frase, como medicamentos e alimentos, no inciso III, e água, energia elétrica, gás e combustíveis, no inciso I"[150].

A enumeração do rol de serviços essenciais é encontrada em diversas legislações, cada qual com sua particularidade. O Código do Trabalho de Portugal aponta que em empresa ou estabelecimento que se destine à satisfação de necessidades sociais impreteríveis, a associação sindical

---

[149] SILVA, Virgílio Afonso da. *A constitucionalização do direito*. São Paulo: Malheiros, 2005. p. 146.
[150] SILVA, Homero Batista Mateus da. *Op. cit.* p. 286.

que declare a greve, ou a comissão de greve e os trabalhadores aderentes devem assegurar, durante a mesma, a prestação dos serviços mínimos indispensáveis à satisfação daquelas necessidades. São enumerados os seguintes serviços ou atividades: (a) correios e telecomunicações; (b) serviços médicos, hospitalares e medicamentosos; (c) salubridade pública, incluindo a realização de funerais; (d) serviços de energia e minas, incluindo o abastecimento de combustíveis; (e) abastecimento de águas; f) bombeiros; g) serviços de atendimento ao público que assegurem a satisfação de necessidades essenciais cuja prestação incumba ao Estado; h) transportes, incluindo portos, aeroportos, estações ferroviárias e de camionagem, relativos a passageiros, animais e gêneros alimentares deterioráveis e a bens essenciais à economia nacional, abrangendo as respectivas cargas e descargas; i) transporte e segurança de valores monetários (art. 537).

Na Itália, a Lei nº 146/90 considera como serviços essenciais, independentemente da natureza jurídica da relação de trabalho, mesmo que desenvolvidos em regime de concessão ou mediante convenção, aqueles voltados a garantir o gozo dos direitos da pessoa constitucionalmente tutelados, a saber: a) vida; b) saúde; c) liberdade e segurança; d) liberdade de circulação; e) assistência e previdência social; f) educação; liberdade de comunicação.

De modo geral, as legislações dos países são muito parecidas ao enumerar os serviços ou atividades essenciais, muito embora não haja nenhuma restrição quanto à natureza desses serviços e atividades, sendo a questão muito mais dependente da soberania e do contexto histórico-cultural de cada país, que de um ideal global sobre a natureza do que é ou não essencial; existe, assim, um alto grau de subjetivismo na definição. Mesmo assim, não se pode negar que uma uniformidade de critérios sempre deve ser buscada.

Assim, analisando os temas ligados à definição do que seria ou não serviço ou atividade essencial, o Comitê de Liberdade Sindical da OIT (especialmente para evitar que os governos elaborassem intermináveis listas cujo objetivo não declarado era inviabilizar ou engessar o exercício do direito) lançou entendimento de que a noção de "essencial" deveria estar ligada àquilo que afetasse diretamente a vida, segurança e saúde da comunidade. Em um momento posterior, exemplificando tais temas, destacou cinco segmentos que contemplariam essa noção: hospitais, manejo de água, geração e distribuição de eletricidade, telefonia e controle de tráfego aéreo.

Também parece que essa visão reducionista adotada pela OIT não é a mais correta, uma vez que se corre o risco de não lançar parâmetros ágeis para que se acompanhe a complexidade das mudanças sociais, econômicas e políticas, haja vista que a criação de parâmetros notadamente axiológicos, além de estar vinculada ao subjetivismo, não fornece ferramentas práticas e imediatas para concretização dessas aspirações, o que remete ao velho problema da efetividade.

Devido a isso, a Comissão de Peritos da OIT passou a se referir a uma figura de caráter intermediário que intitulou de *serviços de utilidade pública* que não envolvem o reconhecimento de sua essencialidade e necessidade para a comunidade, mas sua conveniência, e que são prestados, de forma regulamentada, direta ou indiretamente por terceiros, seja a título de concessão, permissão ou autorização e correm por conta e risco dos prestadores mediante remuneração dos usuários, como transporte coletivo, energia elétrica, gás e telefone. Os primeiros (serviços públicos) visam a comunidade; os segundos (serviços de utilidade pública) visam o cidadão.

As diferenças, conforme aponta Hely Lopes Meirelles[151], consistem no fato de que no "primeiro caso (*serviço publico*), o serviço visa a satisfazer necessidades gerais e essenciais da sociedade, para que ela possa subsistir e desenvolver-se como tal; na segunda hipótese (*serviço de utilidade pública*), o serviço objetiva facilitar a vida do indivíduo na coletividade, pondo à sua disposição utilidades que lhe proporcionarão mais conforto e bem-estar. Daí se denominarem, os primeiros, serviços pró-comunidade e, os segundos, serviços *pró-cidadão*, fundados na consideração de que aqueles (*serviços públicos*) se dirigem ao bem comum a estes (*serviços de utilidade pública*), embora reflexamente interessem a toda a comunidade, atendem precipuamente às conveniências de seus membros individualmente considerados".

A questão não é fácil e a análise também deve ser prestada caso a caso, haja vista que, mesmo que se adote o critério da não essencialidade dos serviços de utilidade pública, não é menos verdade que uma greve que

---

[151] MEIRELLES, Hely Lopes. *Direito administrativo brasileiro*. 30ª ed. São Paulo: Malheiros, 2005. p. 325.

se prorrogue por muito tempo poderá também causar riscos tão ou mais graves que os envolvidos nos serviços essenciais.

Também é importante ter em conta que a redação do artigo 11 da Lei de Greve não está imune à críticas, haja vista que deixou de lado, por exemplo, os serviços de educação, os quais não são contemplados como serviços essenciais, embora devessem ter esse tratamento, o que revela uma faceta ainda não completamente compreendida por nossos legisladores: a de que a educação é, de fato, a mais importante ferramenta de obtenção de dignidade da pessoa, muito embora, na prática, seus efeitos somente sejam sentidos a longo prazo. Outro exemplo de gritante relevância é o caso dos agentes penitenciários que também não foram referidos pela lei. Não se trata de uma exclusividade da legislação brasileira, pois o próprio Código do Trabalho de Portugal também nada fala a respeito.

Art. 11º   Nos serviços ou atividades essenciais, os sindicatos, os empregadores e os trabalhadores ficam obrigados, de comum acordo, a garantir, durante a greve, a prestação dos serviços indispensáveis ao atendimento das necessidades inadiáveis da comunidade.

Parágrafo único. São necessidades inadiáveis, da comunidade aquelas que, não atendidas, coloquem em perigo iminente a sobrevivência, a saúde ou a segurança da população.

Sumário
1. Indispensabilidade dos serviços

Comentário

1. Indispensabilidade dos serviços
A exigência estampada nesse dispositivo não é antidemocrática.

O próprio Comitê de Liberdade Sindical da OIT adota essa diretiva, embora não indique, nos casos em que sua análise foi requerida, qual seria o grau de serviço mínimo, mesmo quando os sindicatos alegavam que um número muito elevado de trabalhadores ativos limitaria o direito de greve de uma grande proporção de trabalhadores envolvidos.

Mesmo assim, o Comitê chegou a declarar que "é indispensável a consulta paritária sobre o grau apropriado do serviço mínimo, não só para permitir um sensato intercâmbio de pontos de vista a respeito do que deve ser, em determinada situação, um serviço mínimo estritamente necessário, mas também para garantir que não lhe seja dado uma amplitude tal que torne a greve inócua por sua insignificância"[152], no que tentou compatibilizar as duas situações.

O conceito que pode ser obtido para a questão da "indispensabilidade" é obtido em função das necessidades inadiáveis da comunidade, muito embora a lei seja genérica a esse propósito.

O Código do Trabalho português traz parâmetros importantes ao prever que a definição dos serviços mínimos deve respeitar os princípios da necessidade, da adequação e da proporcionalidade, bem como que os representantes dos trabalhadores em greve devem designar os trabalhadores que ficam adstritos à prestação dos serviços mínimos definidos e informar do fato o empregador, até vinte e quatro horas antes do início do período de greve ou, se não o fizerem, deve o empregador proceder a essa designação (art. 538º, '5' e '7').

No caso da Lei de Greve, verifica-se que o dispositivo é intencionalmente genérico ao não estabelecer, por exemplo, o percentual mínimo de trabalhadores em tais ramos de atividades, o que é salutar, pois a aferição de critérios mínimos que assegurem a efetividade do movimento grevista em paralelo à conservação das necessidades inadiáveis da comunidade será feita caso a caso. Mesmo assim, deve-se ter como baliza a incidência da razoabilidade, da proporcionalidade e, sobretudo, da boa-fé para com a coletividade.

Os Tribunais, quando solicitados a se pronunciar em sede de dissídios coletivos de greve, tem se posicionado no sentido de impor a manutenção de percentual mínimo de trabalhadores, sob pena de multa diária (e até responsabilização civil e penal do infrator, geralmente a entidade sindical), possibilidade que é amplamente adotada a partir da aplicação subsidiária do CPC.

Nesse sentido, o artigo 461 daquele diploma processual autoriza o Poder Judiciário a impor multa diária ao réu, independentemente de

---

[152] HODGES-AEBERHARD, Jane; ODERO DE RIOS, Alberto. *Princípios do Cômite de Liberdade Sindical referentes a greves*. Brasília: Organização Internacional do Trabalho, 1993. p. 13.

pedido do autor, se for suficiente ou compatível com a obrigação, fixando-lhe prazo razoável para o cumprimento do preceito (§4º). Igualmente prevê que, para a efetivação da tutela específica ou a obtenção do resultado prático equivalente, poderá o juiz, de ofício ou a requerimento, determinar as medidas necessárias, tais como a imposição de multa por tempo de atraso, busca e apreensão, remoção de pessoas e coisas, desfazimento de obras e impedimento de atividade nociva, se necessário com requisição de força policial (§5º).

No setor de transportes, por exemplo, hoje talvez o mais sensível e ilustrativo, costuma-se determinar a manutenção de percentuais elevados da força de trabalho, que chegam a variar de 70% até 80% do efetivo, especialmente em relação aos chamados "horários de pico", até porque, ao menos nesses casos, "adotar percentual inferior importaria em sérios transtornos aos passageiros, em especial à classe trabalhadora, grande usuária deste transporte, e também não seria atendida a exigência da Lei de Greve, preocupada em resguardar o interesse da comunidade em relação às paralisações em atividades consideradas essenciais"[153].

De outro lado, os governos acabam adotando soluções particulares para garantir, na medida do possível, a execução dos serviços. Situação interessante foi adotada no Município de São Paulo, que vem utilizando uma operação conhecida como Plano de Apoio entre Empresas em Situações de Emergência (PAESE) que consiste em um convênio de cooperação obrigacional para mútuo apoio em situações de emergência, desenvolvido com o objetivo de oferecer a continuidade de atendimentos aos usuários do sistema de transporte coletivo de passageiros da cidade e dos sistemas metroviário, ferroviário e metropolitano, quando em situações de emergência ou paralisações temporária. Também não é menos verdade que tais soluções acabam demandando muitos recursos, tornando-se inviável em localidades que não lidem com orçamentos significativos, ou seja, acaba sendo restrita apenas à grandes metrópoles.

A própria Orientação Jurisprudencial nº 38 da SDC do TST considera abusiva a greve que se realiza em setores que a lei define como sendo essenciais à comunidade, se não é assegurado o atendimento básico das

---

[153] BRASIL. Tribunal Regional do Trabalho da 2ª Região. Secretaria de Dissídios Coletivos. Dissídio Coletivo de Greve nº 0004088-22.2011.5.02.0000. Relator: Desembargador Celso Ricardo Peel Furtado de Oliveira. São Paulo, 28.09.2011. Publicado em 21.10.2011.

necessidades inadiáveis dos usuários do serviço, na forma prevista na Lei nº 7.783/89.

De toda forma, ao menos do ponto de vista jurídico e processual não parecem existir maiores problemas. Entretanto, como se tem visto na prática, a resolução dessa importante questão ainda suscita muitas dúvidas, o que faz com que se depositem esperanças redobradas no bom senso e sensibilidade dos empregadores, trabalhadores, entidades sindicais e agentes públicos, tudo para preservar de forma harmônica a efetivação utilização do direito de greve, sem perder de vista os direitos da comunidade.

Art. 12º   No caso de inobservância do disposto no artigo anterior, o Poder Público assegurará a prestação dos serviços indispensáveis.

SUMÁRIO
1. Prestação dos serviços pelo poder público

COMENTÁRIO

1. Prestação dos serviços pelo poder público

Como já visto, e como regra geral, não se admite a interferência do Estado nas negociações coletivas, sob pena de violação ao preceito da autonomia privada coletiva. Em algumas situações, porém, tais como aquelas que envolvem o atendimento das necessidades inadiáveis da comunidade, e que se não atendidas colocam em risco sua sobrevivência, saúde ou segurança, faz-se necessária uma atuação positiva do Estado.

O problema é que a lei não indicou, em momento algum, de que forma se dará a atuação do Poder Público nesses casos. É interessante notar que, na hipótese do artigo 9º, adotou-se como alternativa a contratação direta de trabalhadores substitutos; no caso do artigo 12, porém, esse critério não foi repetido.

A insegurança jurídica criada, portanto, é imensa e não existe nem mesmo justificativa razoável para essa diferenciação de tratamento, não se sabendo se a participação do Poder Público é espontânea ou se há necessidade de provocação; não se sabe se as atividades serão executadas com pessoal próprio ou mediante contrato, nem mesmo qual instância deve ser acionada, entre outras questões. Daí a opinião de Amauri Mascaro Nascimento[154], para quem "a lei simplificou a proteção às máquinas e dificultou a defesa das pessoas".

Não é o que ocorre em outras legislações, como no Código do Trabalho português o qual prevê que, na falta de acordo nos três dias posteriores ao aviso prévio de greve, os serviços mínimos e os meios necessários para assegurá-los serão definidos por despacho conjunto, devidamente fundamentado, do ministro responsável pela área laboral e do ministro responsável pelo setor de atividade ou, tratando-se de empresa do setor empresarial do Estado, por tribunal arbitral, constituído nos termos de lei específica sobre arbitragem obrigatória (art. 538º, '4').

Em relação à Lei de Greve não existe formalidade quanto à designação dos trabalhadores para manter a execução dos serviços. Isso sem contar que a previsão do dispositivo é exageradamente otimista, como se houvesse a possibilidade factível do Poder Público atuar em todas as greves deflagradas em atividades essenciais. E, na prática, fica claro que isso é impossível. O que fazer, então?

A proposta que chegou a ser apresentada no Congresso Nacional, mas que foi rejeitada, dizia respeito à utilização da requisição civil, prática que é adotada em países como Portugal, Grécia etc., medida que permite ao Estado a convocação de trabalhadores para continuar a prestação de serviços, sempre em caráter excepcional.

No caso de Portugal, por exemplo, o Código do Trabalho prevê que em caso de descumprimento da obrigação de prestação de serviços mínimos, o Governo pode determinar a requisição ou mobilização, nos termos previstos em legislação específica (art. 541º, '3'). A regulamentação veio com o Decreto nº 637/74 o qual prevê que a requisição civil compreende o conjunto de medidas determinadas pelo Governo necessárias para, em circunstâncias particularmente graves, se assegurar o regular funcionamento de serviços essenciais de interesse público ou de setores vitais da economia nacional e, ainda, que a requisição civil tem um caráter excepcional, podendo ter por objeto a prestação de serviços individuais ou coletivos, a cedência de bens móveis ou semoventes, a utilização tem-

---

[154] NASCIMENTO, Amauri Mascaro. *Comentários à lei de greve*. São Paulo: LTr, 1989. p. 119.

porária de quaisquer bens, os serviços públicos e as empresas públicas de economia mista ou privadas.

Portanto, segundo a legislação portuguesa, pode-se recorrer à requisição civil, no caso de os trabalhadores não cumprirem com os serviços minimamente necessários nas greves em serviços mínimos (ou essenciais, trazendo-se a noção para a legislação brasileira). É medida especial, cuja entrada em vigor depende, inclusive, de uma resolução formal do Conselho de Ministros, e que possibilita até sanções penais aos trabalhadores grevistas que se recusarem a exercer as tarefas que lhes forem atribuídas, ou que deixem de se apresentar ao serviço, a partir do momento em que for dada a ordem de requisição civil. Daí seu caráter excepcional e que também possui caráter de *ultima ratio* para atender à finalidade da lei.

Em nosso país, a única figura semelhante é encontrada no inciso XXV do artigo 5º da CF ao dispor que "no caso de iminente perigo público, a autoridade competente poderá usar de propriedade particular, assegurada ao proprietário indenização ulterior, se houver dano". Essa requisição administrativa civil, segundo Hely Lopes Meirelles[155] "visa a evitar danos à vida, à saúde e aos bens da coletividade", sendo cabível "em tempo de paz, independentemente de qualquer regulamentação legal, desde que se apresente uma real situação de perigo público iminente (inundação, incêndio, sonegação de gêneros de primeira necessidade, conflito armado, comoção intestina)". De todo modo, a requisição civil sequer foi incluída na redação final da Lei de Greve, de modo que sua utilização é inviável.

De todo modo, o Poder Executivo baixou o Decreto nº 7.777 de 24 de julho de 2012, com o intuito de estabelecer medidas para a continuidade de atividades e serviços públicos dos órgãos e entidades da administração pública federal durante greves, paralisações ou operações de retardamento de procedimentos administrativos promovidas pelos servidores públicos federais. O artigo 1º do Decreto autoriza que os Ministros de Estado supervisores dos órgãos ou entidades em que ocorrer greve, paralisação ou retardamento de atividades e serviços públicos promovam, mediante convênio, o compartilhamento da execução da atividade ou serviço com Estados, Distrito Federal ou Municípios (inciso I), bem como a adoção,

---

[155] MEIRELLES, Hely Lopes. *Op. cit.* p. 609.

mediante ato próprio, de procedimentos simplificados necessários à manutenção ou realização da atividade ou serviço (inciso II).

Entretanto, o referido Decreto é muito controverso, pois surgiram opiniões de que a norma acabava violando o direito constitucional de greve, bem como importava em excessiva interferência de agentes estatais nos assuntos das categorias de trabalhadores. Em verdade, o pano de fundo do referido Decreto foi a deflagração de movimento grevistas pelos agentes fiscais aduaneiros da Receita Federal do Brasil, Agência Nacional de Vigilância Sanitária e do Ministério da Agricultura, Pecuária e Abastecimento, o que causou problemas quanto ao despacho de cargas em portos e aeroportos. Tanto é assim que houve previsão específica quanto a tal atividade, no sentido de que as atividades de liberação de veículos e cargas no comércio exterior seriam executadas em prazo máximo a ser definido pelo respectivo Ministro de Estado supervisor dos órgãos ou entidades intervenientes (§1º). Por esse quadro, é forçoso concluir que a norma em questão não foi fruto de debates, muito menos de um pensamento comum que objetivasse discutir profundamente a questão, mas de ato vertical do Executivo que objetivou resolver uma situação específica, o que lhe retirou mesmo a legitimidade junto à sociedade.

Contra o referido Decreto foram apresentadas a ADI nº 4857 (Confederação dos Servidores Públicos do Brasil), a qual tramita em conjunto com a 4828 (Federação Brasileira de Associações de Fiscais de Tributos Estaduais), 4830 (Confederação dos Trabalhadores no Serviço Público Federal, Confederação Nacional dos Trabalhadores em Seguridade Social, Central Única dos Trabalhadores e Sindicato Nacional dos Fiscais Federais Agropecuários) e 4838 (Associação Nacional dos Auditores Fiscais da Receita Federal do Brasil) que tratam da mesma matéria. Atualmente, as ações ainda não foram julgadas, estando a cargo do Relator Ministro José Antônio Dias Toffoli do STF.

A questão ainda está em aberto, e não foi resolvida com a atual legislação. A solução, portanto, nos casos de greves em atividades essenciais, e enquanto persistir essa grave lacuna, fica mesmo destinada à existência do comum acordo e do compromisso do sindicato em definir, logicamente por meio de um diálogo com os demais envolvidos, a melhor forma de preservação da sobrevivência, da segurança e da saúde da população, promovendo os meios adequados para esse fim, sem contar, claro, a atuação jurisdicional sempre que houve lesão ou ameaça a direito (art. 5º, XXXV, CF).

Art. 13º   Na greve, em serviços ou atividades essenciais, ficam as entidades sindicais ou os trabalhadores, conforme o caso, obrigados a comunicar a decisão aos empregadores e aos usuários com antecedência mínima de 72 (setenta e duas) horas da paralisação.[156]

Ver comentários ao art. 3º.

Art. 14º   Constitui abuso do direito de greve a inobservância das normas contidas na presente Lei, bem como a manutenção da paralisação após a celebração de acordo, convenção ou decisão da Justiça do Trabalho.
Parágrafo único. Na vigência de acordo, convenção ou sentença normativa não constitui abuso do exercício do direito de greve a paralisação que:
I – tenha por objetivo exigir o cumprimento de cláusula ou condição;
II – seja motivada pela superveniência de fatos novo ou acontecimento imprevisto que modifique substancialmente a relação de trabalho.

SUMÁRIO
1. Abuso de direito

COMENTÁRIO

1. Abuso de direito

O abuso de direito é identificado por Everardo da Cunha Luna[157] como um ato que aparenta ser lícito, mas em verdade, é realmente ilícito; tem-se o direito, mas ele é viciado; o abuso de direito é cometido no exercício de um direito.

Existem restrições em relação ao momento de deflagração da greve, muito embora a própria Lei de Greve estabeleça que compete aos trabalhadores a escolha da oportunidade para sua deflagração e os interesses que pretendam por meio dela defender. Porém, é sabido que não existem direitos absolutos, mesmo que se trate de direitos fundamentais.

---

[156] O artigo 13 da Lei de Greve é analisado em conjunto com o parágrafo único do artigo 3º em função da identidade entre as matérias, para melhor localização do tema, inclusive para evitar repetições na transcrição do corpo do texto legal.
[157] LUNA, Everardo da Cunha. *Abuso de direito*. Rio de Janeiro: Forense, 1959. p. 103.

A Lei de Greve não procurou conceituar o que seria o abuso do direito de greve, apenas indicou que essa aferição deve partir de um critério casuístico, ou seja, seria abusiva a greve que não se deu segundo os contornos trazidos por seus dispositivos, muito embora tenha adotado como excludentes as hipóteses dos incisos I e II. De qualquer forma, a amplitude do abuso de direito atinge diversos aspectos da greve.

Inicialmente, o abuso pode ser revelado tanto sob o aspecto *formal*, quanto sob o aspecto *material*. O primeiro ocorre quando são descumpridas as exigências formais da greve, essencialmente ligada a questões procedimentais, como a falta do aviso prévio ao empregador, a ausência de assembleia para deliberação, falta de comunicação aos usuários sobre a greve em serviços essenciais etc.

Quanto ao aspecto *material*, esse se daria, por exemplo, no caso de deflagração de greve em atividades proibidas, ou quando há a manutenção da greve após a concretização das vantagens perseguidas pelos grevistas, exatamente porque, ante seu caráter instrumental, e uma vez atingidos seus objetivos, esgota-se o fundamento que lhe deu causa; a greve não é um fim em si mesma. Isso pode evitar condutas como, por exemplo, a deflagração de greves sequenciais quando os trabalhadores percebem que as reivindicações anteriores foram atendidas e, assim, ficam estimulados a quererem e exigir mais, de forma desproporcional, criando um movimento "em cascata", o que é absolutamente reprovável.

E, nesse caso, o abuso seria evidente, até porque o acordo ou a convenção coletiva, que são instrumentos que prestigiam o primado da autonomia privada coletiva, tem evidente caráter normativo e obrigacional, já que instituem normas de conduta que serão aplicadas às relações individuais e obrigações entre os sujeitos coletivos estipulantes[158]. Alterar as regras no meio do jogo, portanto, é proibido. A greve, assim, deve ter início, meio e fim, e não pode se confundir como uma "preparação" para outra greve, ou como um termômetro de aceitação das reivindicações.

Também pode ocorrer quando, na hipótese do artigo 9º, o sindicato ou a comissão de negociação se recusam a realizar acordo prejudicando a manutenção de equipes em atividades cuja paralisação possa resultar em prejuízo irreparável, pela deterioração de bens, máquinas e equipamen-

---

[158] NASCIMENTO, Amauri Mascaro. *Compêndio de direito sindical*. 2ª ed. São Paulo: LTr, 2000. p. 27.

tos, ou em que se inviabilize a retomada do funcionamento da empresa. É fato que o próprio dispositivo autoriza, nessa situação, a substituição dos grevistas; mas cabe notar que, muitas vezes, os processos de contratação são demorados e dispendiosos, de modo que empregador pode não ter condições de contratar ou de encontrar a tempo a mão de obra necessária. E em alguns setores da econômica no qual a mão de obra capacitada é escassa, a questão adquire ainda maior importância.

Existem duas excludentes que afastam a configuração do abuso de direito na hipótese do artigo.

A *primeira excludente* ocorre quando a greve tem como objetivo pressionar o empregador a exigir o cumprimento de cláusula ou condição. Embora haja a autorização legal que retira qualquer abusividade da greve nessa hipótese, a jurisprudência do TST entende que na vigência de convenção coletiva de trabalho, incabível dissídio coletivo de natureza econômica, cujo objeto seja compelir empresas empregadoras ao cumprimento de piso salarial, de modo que se há dúvida fática acerca de condição de trabalho e, pois, sobre a aplicação de norma coletiva vigente, cumpre dirimi-la em ação de cumprimento[159].

A *segunda excludente* consiste na superveniência de fato novo ou acontecimento imprevisto que modifique substancialmente a relação de trabalho, do ponto de vista coletivo, e não individual, previsão que guarda íntima relação com a teoria da imprevisão (*rebus sic stantibus*) adotada no Direito Civil.

A esse propósito informa Miguel Maria de Serpa Lopes[160] que a imprevisão consiste "no desequilíbrio das prestações recíprocas, nos contratos de prestações sucessivas ou deferidas, em consequência de acontecimentos ulteriores à formação do contrato, independentemente da vontade das partes, de tal forma extraordinários e anormais que impossível se tornava prevê-los razoável e antecedentemente. São acontecimentos supervenientes que alteram profundamente a economia do contrato, por tal forma perturbado o seu equilíbrio, como inicialmente estava fixado, que se torna certo que as partes jamais contratariam se pudessem ter

---

[159] BRASIL. Tribunal Superior do Trabalho. Seção Especializada em Dissídios Coletivos. Recurso Ordinário em Dissídio Coletivo de Greve nº 2007200-72.2005.5.02.000. Relator: Ministro João Oreste Dalazen. Brasília, 13.09.2007. Publicado em 26.10.2007.
[160] LOPES, Miguel Maria de Serpa. *Op. cit.* p. 111.

podido antever esses fatos. Se, em tais circunstâncias, o contrato fosse mantido, redundaria num enriquecimento anormal, em benefício do credor, determinando um empobrecimento da mesma natureza, em relação ao devedor. Consequentemente, a imprevisão tende a alterar ou a excluir a força obrigatória dos contratos".

Daí porque, nesses casos, uma modificação que altere, de forma importante, as premissas inicialmente consideradas, poderá onerar excessivamente uma das partes, conferindo uma vantagem excessiva e exagerada à outra. Nessas situações, aplicam-se as regras previstas nos artigos 478 a 480 do CC, que trata da resolução do contrato por onerosidade excessiva, adequando-se a situação para atingir o equilíbrio econômico.

É importante notar que se trata de uma situação que, embora prevista, é difícil de ocorrer, pois não é aplicável a qualquer alteração, mas apenas aquela que venha a gerar modificações substanciais da relação de trabalho, geralmente fruto de eventos inesperados ou que não poderiam ser aferidos, mensurados, identificados ou vislumbrados pelas partes. É uma das poucas hipóteses em que se permite a ruptura da estabilidade das relações jurídicas.

Poderiam ser incluídos os casos de comoção nacional ou em alguns casos de dispensa em massa de trabalhadores que ocorressem logo após a celebração da norma coletiva. É certo, também, que quanto mais seja equilibrada e estável a economia, e quanto mais robustas as instituições jurídicas de um país, menos espaço existirá para aplicação dessa teoria, bem como da própria previsão contida na norma em questão.

Sobre a dispensa em massa de trabalhadores, alerte-se que mesmo em casos de acontecimentos externos que gerem reflexos na força de trabalho, é essencial que haja a interlocução do empregador com o sindicato da categoria, especialmente porque não se trata do mero exercício de um direito potestativo pelo empregador utilizado de forma maximizada, mas de uma situação que encontra limitações constitucionais do ponto de vista social, sob pena de caracterização de abuso de direito.

Já decidiu o TST que é inválida a dispensa coletiva enquanto não negociada com o sindicato de trabalhadores, espontaneamente ou no plano do processo judicial coletivo, já que as dispensas coletivas realizadas de maneira maciça e avassaladora, somente seriam juridicamente possíveis em um campo normativo hiperindividualista, sem qualquer regulamentação social, instigador da existência de mercado hobbesiano na vida econômica, inclusive entre empresas e trabalhadores, em homenagem à sociedade civilizada, à cultura de bem-estar social e ao respeito à dignidade dos seres humanos, tudo repelindo, imperativamente, dispensas massivas de pessoas, abalando empresa, cidade e toda uma importante região[161].

Nesse contexto, e assim continua a paradigmática decisão, não se pode ignorar as regras e princípios constitucionais que determinam o respeito à dignidade da pessoa humana (art. 1º, III), a valorização do trabalho e do emprego (art. 1º, IV, 6º e 170, VIII), função social da propriedade (art. 5º, XXIII e 170, III) e a intervenção sindical nas questões coletivas de interesse da categoria (art. 8º, III e VI), bem como nas Convenções nº 11, 87, 98, 135, 141 e 151 da OIT, de modo a não se permitir o manejo meramente unilateral e potestativista das dispensas trabalhistas coletivas, por de tratar de ato/fato coletivo, inerente ao Direito Coletivo do Trabalho, e não Direito Individual, impondo-se que se reconheça distinção normativa entre as dispensas meramente tópicas e individuais e as dispensas massivas, coletivas, as quais são social, econômica, familiar e comunitariamente impactantes.

Art. 15º A responsabilidade pelos atos praticados, ilícitos ou crimes cometidos, no curso da greve, será apurada, conforme o caso, segundo a legislação trabalhista, civil ou penal.

Parágrafo único. Deverá o Ministério Público, de ofício, requisitar a abertura do competente inquérito e oferecer denúncia quando houver indício da prática de delito.

SUMÁRIO
1. Responsabilidade pelos atos praticados
2. Competência penal da Justiça do Trabalho

---

[161] BRASIL. Tribunal Superior do Trabalho. Seção Especializada em Dissídios Coletivos. Recurso Ordinário em Dissídio Coletivo nº 30900-12.2009.5.15.0000. Relator: Ministro Maurício Godinho Delgado. Brasília, 10.08.2009. Publicado em 04.09.2009.

Comentário

1. Responsabilidade pelos atos praticados

O trabalho é uma "fonte inesgotável de paradoxos"[162] e se a greve é eminentemente coletiva, fica fácil compreender como um ato inconsequente ou violento pode ter repercussões imprevisíveis e difusas, que pode vir a contaminar toda a massa de trabalhadores, cujos ânimos já estão sobremaneira sensibilizados.

Em outras palavras, o potencial danoso de uma greve não pode ser ignorado, pois embora se trate de um direito constitucional, também é verdade que pode ocorrer a prática de atos que lhe confiram um caráter ilícito trabalhista, civil ou penal. O dispositivo não restringe sua aplicação apenas aos trabalhadores ou ao empregador; pode atingir ambos, dependendo do comportamento que cada parte venha a ter no curso da greve. A prática da greve, portanto, deve estar ligado ao exercício da *liberdade responsável*.

A Lei de Greve não cuidou de estabelecer quais seriam as penalidades tipicamente relacionadas à greve, remetendo o respectivo enquadramento às disposições já existentes na legislação trabalhista, civil ou penal. Em alguns países a punição é expressamente tipificada, como no Código do Trabalho português, que penaliza com multa de até cento e vinte dias quaisquer atos abusivos como proceder à substituição dos grevistas, ou atos que impliquem em coação, prejuízo ou discriminação aos trabalhadores que aderiram à greve.

Todavia, nem que seja para fins didáticos, é salutar que a lei preveja, expressamente, a aplicação de punições. Isso porque existe uma situação limite que envolve a deflagração de uma greve e que pressupõe um sentimento de injustiça de um lado pelo outro, um contexto em que a ação direta se faz presente justamente porque o conflito atingiu um nível extremo. Sábias as palavras de Dostoiévski que já indagava o que é melhor, uma felicidade barata ou um sofrimento elevado[163]?

Quanto aos ilícitos *trabalhistas*, a CLT estabelece punições específicas, a saber: advertência, suspensão disciplinar (art. 474) e dispensa por justa

---

[162] DEJOURS. Christophe. *A banalização da injustiça social*. Trad. Luiz Alberto Monjardim. 7ª ed. Rio de Janeiro: FGV, 2007. p. 141.

[163] DOSTOIÉVSKI, Fiódor. *Memórias do subsolo*. Trad. Boris Schnaiderman. 3ª ed. São Paulo: Editora34, 2000. p. 145.

causa, caso estejam configuradas quaisquer das hipóteses em elenco no rol do artigo 482, sendo as mais comuns o mau procedimento ('b'), desídia ('c'), ato de indisciplina ou insubordinação ('h'), abandono de emprego ('i'), ato lesivo da honra ou da boa fama praticado no serviço contra qualquer pessoa, ou ofensas físicas, nas mesmas condições, salvo em caso de legítima defesa, própria ou de outrem ('j') ou ato lesivo da honra ou da boa fama ou ofensas físicas praticadas contra o empregador e superiores hierárquicos, salvo em caso de legítima defesa, própria ou de outrem ('k'). O rol é, portanto, bem amplo.

Não se pode esquecer que o ordenamento trabalhista não prevê qual será o tipo de penalidade a ser aplicada contra o trabalhador, de modo que fica a critério do empregador, como decorrência de seu poder disciplinar (sempre exercido segundo sua função social, e com razoabilidade), decidir se a hipótese é de advertência, suspensão ou demissão por justa causa.

É certo que também poderá ocorrer a responsabilização civil da entidade sindical, que será apurada segundo legislação própria, no caso de deflagração de greve considerada ilegal, respondendo aquela pessoa jurídica por seu ato abusivo.

Nesse sentido, existe importante precedente do TST que admite a competência da Justiça do Trabalho para julgar pedido de indenização contra entidade sindical, em face de atos que se desenrolaram durante o exercício do direito de greve, pela prática de ato ilícito contra terceiros que sofreram constrangimento ilegal e cárcere privado, impedidos de se retirar do prédio onde realizada a manifestação por seis horas. Nesse caso, inclusive, confirmou a Corte que os atos e condutas que norteiam o direito de greve devem seguir o que determina a norma legal, sendo repudiada a prática de violência ou ilícito, pelo constrangimento a terceiros, como determinam os §§2º e 3º do artigo 6º da Lei nº 7783/89, o que implicou na configuração da conduta ilícita do sindicato e do consequente dever de indenizar a parte prejudicada[164].

No âmbito *civil*, exsurge a possibilidade de cometimento de ato ilícito, tal como regulado no CC, seja por ação ou omissão voluntária, negligên-

---

[164] BRASIL. Tribunal Superior do Trabalho. 6ª Turma. Recurso de Revista nº 333000-76.2008.5.12.0001. Relator: Ministro Aloysio Corrêa da Veiga. Brasília, 28.04.2010. Publicado em 14.05.2010.

cia ou imprudência (art. 186) ou mesmo no caso de exercício de direito que venha a exceder manifestamente os limites impostos pelo seu fim econômico ou social, pela boa-fé ou pelos bons costumes (art. 187), com a reparação por danos materiais e morais (art. 927).

Quanto às repercussões penais, as hipóteses mais comuns previstas no CP dizem respeito à prática de violência contra a pessoa ou coisa, a saber: lesão corporal (art. 129), crimes contra a honra (art. 138 a 145), crimes contra a liberdade (art. 146 a 149) e a própria incitação à violência que também pode configurar um ilícito penal.

2. Competência penal da Justiça do Trabalho

Muito já se discutiu em relação à competência penal da Justiça do Trabalho para processar e julgar ações que envolvem tipos penais decorrentes de greve. A questão já causou (e até hoje ainda causa) muitas polêmicas.

É que com a EC nº 45/04 que trouxe a chamada Reforma do Poder Judiciário, a competência da Justiça do Trabalho foi consideravelmente ampliada, o que gerou dúvidas sobre seu alcance.

Assim, em sua nova redação, o artigo 114 da CF passou a estabelecer que compete à Justiça do Trabalho processar e julgar as ações oriundas da relação de trabalho, abrangidos os entes de direito público externo e da administração pública direta e indireta da União, dos Estados, do Distrito Federal e dos Municípios (I); as ações que envolvam exercício do direito de greve (II); as ações sobre representação sindical, entre sindicatos, entre sindicatos e trabalhadores, e entre sindicatos e empregadores (III); os mandados de segurança, *habeas corpus* e *habeas data*, quando o ato questionado envolver matéria sujeita à sua jurisdição (IV); os conflitos de competência entre órgãos com jurisdição trabalhista, ressalvado o disposto no artigo 102, I, o (V); as ações de indenização por dano moral ou patrimonial, decorrentes da relação de trabalho (VI); as ações relativas às penalidades administrativas impostas aos empregadores pelos órgãos de fiscalização das relações de trabalho (VII); a execução, de ofício, das contribuições sociais previstas no artigo 195, I, "a" e II, e seus acréscimos legais, decorrentes das sentenças que proferir (VIII); outras controvérsias decorrentes da relação de trabalho, na forma da lei (IX).

Aqueles contrários à competência penal da Justiça do Trabalho defendem que essa interpretação violaria regras e princípios constitucionais relativos ao juiz natural e à repartição de competências jurisdicionais, já que não se poderia extrair, de forma implícita, tal competência, quando a própria CF, de forma explícita, já estabelece qual é o órgão do Judiciário que detém jurisdição em matéria penal.

Aqueles favoráveis argumentam que o julgamento de delitos cometidos na seara trabalhista pelo mesmo juiz que julga a ação trabalhista tornará o Direito do Trabalho mais efetivo. Em todos esses casos, o julgamento de crimes cometidos contra a organização da Justiça do Trabalho e contra a administração da Justiça do Trabalho fortaleceria a instituição, aumentando assim a sua respeitabilidade. Apoiam-se, também, na tendência histórica que vem mesmo atribuindo aos juízes trabalhistas maiores competências em relação a sua atuação institucional, como por exemplo, a apreciação de questões ligadas às matérias tributárias (execução de contribuições sociais) e ao Direito Civil (responsabilidade civil por acidentes do trabalho e doenças profissionais) etc.

O fato é que não se pode deixar de perceber que, na prática, algumas atividades de natureza penal que asseguram a condução do processo a contento, já são exercidas pelos juízes do trabalho, como, por exemplo, dar voz de prisão na constatação de falso testemunho, ou na ocorrência de desacato a sua autoridade. Entretanto, não nos parece que apenas isso já seria o suficiente para afirmar a competência penal da Justiça do Trabalho, até porque, conforme o CPP, o flagrante é uma espécie de prisão que pode ser realizada não só pela autoridade policial, mas por qualquer cidadão (art. 301).

Com efeito, no julgamento da ADI nº 3.684, proposta pela PGR, o STF entendeu que "ao prever a competência da Justiça do Trabalho para o processo e julgamento de '*ações oriundas da relação de trabalho*', o disposto no art. 114, inc. I, da Constituição da República, introduzido pela EC nº 45\2004, não compreende outorga de jurisdição sobre matéria penal, até porque, quando os enunciados da legislação constitucional e subalterna aludem, na distribuição de competências, a '*ações*', sem o qualificativo de '*penais*' ou '*criminais*', a interpretação sempre exclui de seu alcance teórico as ações que tenham caráter penal ou criminal. Perante essa técnica de redação, a qual não constitui mera tradição estilística, mas metódica calculada que responde a uma rigorosa racionalidade jurídica, o sentido normativo emergente é de que, no âmbito da respectiva competência, entram apenas as ações destituídas de natureza penal. Não o infirma, no caso, a menção ao *habeas corpus*, contida no texto do inc. IV, pois esse remédio processual constitucional pode, como o sabe toda gente, voltar-se contra atos ou omissões praticados no curso de processos e até procedimentos de qualquer natureza, e não apenas no bojo de investigações, inquéritos e ações penais. É que sua vocação constitucional está em prevenir ou remediar toda violência que, gravando a liberdade de locomoção, provenha de ato ilegal ou abusivo cometido de qualquer autoridade e, até, em certas circunstâncias, de particular (art. 5º, inc. LXVIII). Mais do que natural, portanto, era de boa lógica jurídico-normativa fosse explicitada ou reconhecida a Justiça do Trabalho competência acessória para conhecer e julgar *habeas corpus* impetrado contra ato praticado por seus próprios órgãos, no exercício das competências não penais que lhe reservou a Constituição, ou a pretexto de exercê-las, segundo vem, aliás, da literalidade da cláusula final do mesmo inc. V do art. 114 (*'quando o ato questionado envolver matéria sujeita à sua jurisdição')*"[165].

Nesse mesmo sentido já havia a jurisprudência consolidada do STJ, no sentido de que compete à Justiça Federal processar e julgar crime de falso testemunho cometido no processo trabalhista (Súm. 165) ou mesmo do antigo Tribunal Federal de Recursos, segundo a qual compete à Justiça Federal processar e julgar os crimes contra a organização do trabalho, quando tenham por objeto a organização geral do trabalho ou direitos dos trabalhadores considerados coletivamente (Súm. 115).

Por fim, é importante notar que a questão ainda está longe de ser solucionada, pois atualmente tramita no Congresso Nacional a Proposta de EC nº 327\09, que modifica o inciso IX e acrescenta os incisos X a XIII ao artigo 114, e revoga parcialmente o inciso VI do artigo 109 da CF, para conferir a competência penal à Justiça do Trabalho, especialmente em relação aos crimes contra a organização do trabalho, os decorrentes das relações de trabalho, sindicais ou do exercício do direito de greve, a redução do trabalhador à condição análoga à de escravo, aos crimes praticados contra a administração da Justiça do Trabalho e a outros delitos que envolvam o trabalho humano.

---

[165] BRASIL. Supremo Tribunal Federal. Tribunal Pleno. Ação Direta de Inconstitucionalidade nº 3684 DF. Relator: Ministro Cezar Peluso. Brasília, 01.02.2007. Publicado em 03.08.2007.

Art. 16º   Para os fins previstos no art. 37, inciso VII, da Constituição, lei complementar definirá os termos e os limites em que o direito de greve poderá ser exercido.

Sumário
1. Greve no serviço público
2. Nova posição do Supremo Tribunal Federal

Comentário

1. Greve no serviço público

O exercício do direito de greve do servidor público é questão que ainda continua cercada de polêmicas e, hoje, mais de vinte e cinco anos após a edição da CF, ainda não encontrou solução definitiva.

Conforme se verifica de todos os princípios e regras embutidos na Lei de Greve, resta claro que sua aplicação destina-se às relações jurídicas de caráter privado; em outras palavras, é dirigida àquelas relações jurídicas travadas entre particulares e que pressupõe a existência de um contrato de emprego e a prestação de serviços subordinados. Aliás, esse sempre foi o pano de fundo dos movimentos grevistas, como já revelados pelas marcas indeléveis trazidas pela Revolução Francesa e pela Revolução Industrial. Tais foram os parâmetros que estimularam, influenciaram e inspiraram a regulamentação do fenômeno, tal qual contida na Lei de Greve.

Nesse aspecto, a regulamentação existente remete às próprias lições clássicas acerca da separação do Direito em dois grandes ramos, a saber: o Público, nos quais o Estado aparece como parte, e o Privado, com atuação dos particulares. É claro que, dadas as profundas diferenças entre esses atores, não é possível a aplicação dos mesmos institutos e princípios de um dos ramos no outro, especialmente porque os entes públicos atuam mediante qualidades e poderes de império[166].

---

[166] De forma brilhante, sob o ponto de vista da Doutrina do Estado, assim a questão é posta por Alexandre Groppali: "O Estado constitui por si mesmo uma unidade social e jurídica, assim como o homem constitui uma unidade física e psíquica. No Estado os comportamentos e a atividade dos sujeitos se coordenam entre si e se subordinam a um poder governamental,

Forçoso concluir, portanto, que não se pode lançar mão de uma simples "migração" dos princípios e regras de Direito Privado para o Direito Público, e vice-versa, sob pena de se subverter o funcionamento do próprio sistema jurídico. Da mesma forma, no caso da greve, não se pode simplesmente aplicar as previsões contidas na Lei de Greve (específicas para um determinado contexto e para partes determinadas) para as relações travadas entre os servidores públicos civis e entes estatais.

Mesmo assim, embora a CF detenha inegável caráter democrático e pluralista, o próprio constituinte optou por não estender o direito de greve aos servidores militares que, inclusive, não tem nem mesmo direito à sindicalização. A questão, nesse aspecto, nem suscita maiores controvérsias, já que a vedação constitucional é expressa (art. 142, §3º, IV e 37, VI e VII). Da mesma forma, prescreve a CF que os membros das Polícias Militares e Corpos de Bombeiros Militares, instituições organizadas com base na hierarquia e disciplina, são militares dos Estados, do Distrito Federal e dos Territórios (art. 42)[167].

---

formando uma síntese superior que adquire, por si mesma, capacidade de ação e direção, subjetivando-se em uma pessoa jurídica. O Estado, embora sendo em última instância um produto, transcende os indivíduos que o compõem em um determinado momento, prolongando-se através de gerações e procurando realizar fins que ultrapassam a vida e os interesses daqueles. O Estado, como veremos, não é outra coisa senão uma coletividade social, cuja unidade, favorecida por exigências de caráter econômico, político, moral, religioso etc., se realizar através de uma organização, mediante um sistema de normas, mas identificar o Estado como o direito é como identificar a pessoa humana com o sistema nervoso que coordena sua atividade. É no direito e como o direito que o Estado se coloca e permanece em sua unidade acima dos elementos que o constituem e adquire capacidade de vontade e ação formando um Ente dotado por si mesmo de vida autônoma, mas Estado e Direito são duas realidades distintas e diversas e nós, apesar de não vermos Apolo atrás do sol, cremos que é preciso opor-se à evidência para não perceber que o Estado é excessivamente complexo pela multiplicidade de suas funções, para poder reduzir-se a um puro ordenamento jurídico. E assim, à unificação do Estado, fundada sobre o vazio abstrato de uma hipotética norma originária, preferimos manter-nos ancorados na realidade, procurando a unidade estatal no próprio Estado, na coordenação de suas relações, aspectos e funções" (GROPPALI, Alexandre. *Doutrina do estado.* Trad. Paulo Edmur de Souza Queiroz. 2ª ed. São Paulo: Saraiva, 1968. p.13).

[167] O mesmo dispositivo constitucional estabelece que se aplicam aos militares dos Estados, do Distrito Federal e dos Territórios, além do que vier a ser fixado em lei, as disposições do artigo 14, §8º; do artigo 40, §9º; e do artigo 142, §§2º e 3º, cabendo à lei estadual específica dispor sobre as matérias do artigo 142, §3º, inciso X, sendo as patentes dos oficiais conferidas pelos respectivos governadores (§1º, art. 42).

A propósito desses servidores a vedação não é antidemocrática, já que estão inseridos em uma relação essencialmente baseada na hierarquia e disciplina, princípios ligados ao funcionamento e existência da própria instituição a que estão vinculados, sob a autoridade dos Chefes de Governo e nem mesmo existe relação de emprego, mas somente estatutária – isso sem contar que se tratam de servidores públicos cuja atividade está diretamente relacionada à manutenção da ordem pública e da segurança pública.

No caso dos policiais civis, a situação não é diferente, pois embora a CF seja omissa em relação a eles, o STF já decidiu que as atividades desenvolvidas pela polícia civil são análogas, para esse efeito, às dos militares, em relação aos quais a Constituição expressamente proíbe a greve[168].

Para os servidores civis, por sua vez, a CF deixa claro que estão abrangidos (ou ao menos essa é a verdadeira intenção do texto constitucional democrático) pelos princípios e regras que circunscrevem o direito de greve pelos particulares, mas condicionou seu exercício ao atendimento de uma importante condição aqui expressamente reproduzida: "o direito de greve será exercido nos termos e nos limites definidos em lei complementar" (art. 37, VI e VII).

Note-se que mesmo após quase uma década de inércia legislativa, e claramente diante de uma crescente insegurança jurídica que a carência da regulamentação específica causou, o legislador optou por um caminho curioso: baixou a EC nº 19/88, que mitigou a exigência contida na redação original do artigo 37 da CF, passando-se a exigir somente lei específica. Essa alteração talvez tenha ocorrido em virtude dos mecanismos mais simples e céleres requeridos para aprovação de lei ordinária. Isso porque, nos termos do artigo 69 da CF, a lei complementar passa por procedimentos legislativos mais rígidos e, portanto, mais demorados, quais sejam, a necessidade de um quórum especial, de maioria absoluta e aprovação por via de chamada.

Por outro lado, conforme o artigo 47 da CF, a lei específica (ou ordinária), para sua aprovação exige apenas a maioria simples, seja na Câmara ou no Senado, ou vice-versa, podendo até mesmo ser aprovada em votação simbólica, de acordo com as disposições regimentais de cada Casa.

---

[168] BRASIL. Supremo Tribunal Federal. Tribunal Pleno. Reclamação nº 6568 SP. Relator Ministro Eros Grau. Brasília, 21.05.2009. Publicado em 25.09.2009.

Após sua aprovação, pode ser inclusive, alterada por meio de Medida Provisória.

Obviamente essas questões ligadas à exigência de legislação específica, bem como a inevitabilidade de movimentos grevistas por parte dos servidores civis (que sempre ocorreram e que, embora com algumas oscilações, continuam a ocorrer) levou o STF, já nos anos 80, a se manifestar sobre o problema.

O entendimento que prevalecia no STF era de que a previsão constitucional contida no artigo 37, VII compreendia uma norma de eficácia limitada, ou seja, que dependia, necessariamente, de legislação infraconstitucional que a regulamentasse, já que a própria CF deixava claro que o direito deveria ser exercido "nos termos e limites definidos em lei complementar", de modo que não se teria, nesse caso, uma norma de eficácia contida ou restringível, mas, na verdade, norma de eficácia limitada ou reduzida, conforme julgamentos exemplificados no MI nº 20-4[169] e MI nº 438-2[170].

E com esse entendimento, oriundo da mais alta Corte do país, a quem restaria dar a última palavra sobre a matéria, prevaleceu que ainda não seria válido o direito de greve dos servidores públicos, uma vez que não tinha sido editada a lei regulatória, ou seja, a análise era obtida a partir de uma visão estrita e formal, embora coerente do ponto de vista legalista. E a inércia legislativa claramente criava uma situação incômoda.

2. Nova posição do Supremo Tribunal Federal

Recentemente, a jurisprudência do STF foi alterada, o que resultou, na prática, em uma revolução no entendimento sobre o tema, e que deve ser analisada sob a ótica da aplicabilidade das normas constitucionais.

Nesse aspecto, segundo a conhecida classificação proposta por José Afonso da Silva[171], as normas constitucionais podem ser classificadas nos seguintes termos: *normas de eficácia plena*, ou seja, aquelas que "desde a entrada em vigor da constituição, produzem, ou tem possibilidade de

---

[169] BRASIL. Supremo Tribunal Federal. Tribunal Pleno. Mandado de Injunção nº 20-4. Relator: Ministro Celso de Mello. Brasília, 19.05.1994. Publicado em 22.11.1996.

[170] BRASIL. Supremo Tribunal Federal. Tribunal Pleno. Mandado de Injunção nº 438-2. Relator: Ministro Néri da Silveira. Brasília, 11.11.1994. Publicado em 16.06.1995.

[171] SILVA, José Afonso da. *Aplicabilidade das normas constitucionais*. 6ª ed. São Paulo: Malheiros, 2004. p. 101, 116 e 126.

produzir, todos os efeitos essenciais, relativamente aos interesses, comportamentos e situações, que o legislador constituinte, direta e normativamente, quis regular" (não dependem da atuação estatal); *normas de eficácia contida* que são "aquelas em que o legislador constituinte regulou suficientemente os interesses relativos a determinada matéria, mas deixou margem à atuação restritiva por parte da competência discricionária do Poder Público, nos termos em que a lei estabelecer ou nos termos de conceitos gerais nela enunciados" (dependem da atuação estatal para regular o direito que é previsto ainda de forma mediata); *normas de eficácia limitada* que são "normas constitucionais de princípio institutivo aquelas através das quais o legislador constituinte traça esquemas gerais de estruturação e atribuições de órgãos, entidades ou institutos, para que o legislador ordinário os estruture em definitivo, mediante lei" (é possível exercer o direito, mas este pode ser restringido conforme a lei estabelecer).

Com efeito, as greves no serviço público já há muitos anos vem se tornando comuns e, de certa forma, até mesmo arraigadas em nossa sociedade, ou seja, já não mais representa qualquer choque ou surpresa na sociedade a notícia de que foi deflagrado um movimento grevista de servidores públicos. Denota-se que nem mesmo o Poder Público vem solicitando o reconhecimento da ilegalidade do movimento sob o argumento de que, como decidira o STF anteriormente, não existiria lei específica. Isso talvez tenha decorrido da certa normalidade com que a deflagração da greve no serviço público tem sido encarada, ou mesmo como uma aceitação tácita de que, de fato, os servidores públicos civis, sem prejuízo da lei específica, tenham, sim, até por imperativo democrático, direito de greve. Pode-se dizer que é um dos reflexos do amadurecimento democrático em nosso país. Estava correto Almeida Garret, para quem "A tudo se habitua o homem, a todo o estado se afaz; e não há dúvida por mais estranha que o tempo e a repetição dos atos lhe não faça natural".

A bem da verdade, ao menos no plano teórico, a solução para o problema seria relativamente simples: a edição de uma lei específica. Hoje, após vinte e cinco anos de publicação da Lei de Greve, ainda não temos essa lei específica. Mesmo assim, até que isso venha a ocorrer, o sistema jurídico necessita que uma resposta seja encontrada dentro de próprios princípios e regras constitucionais, pois, do contrário, a greve do servidor público civil seria um mero enunciado (e não é assim que as normas constitucionais referentes a direitos fundamentais devem ser entendidas).

Assim, uma vez que se considere que a lei específica exigida pelo artigo 37, VII da CF seja uma norma de eficácia contida – e não de eficácia limitada – o problema, ao menos do ponto de vista da eficácia das normas constitucionais, é resolvido.

Afinal, dessa forma, o primado constitucional que, efetivamente, assegura o direito de greve seria dotado de verdadeira eficácia imediata (embora autorizada eventual legislação de natureza infraconstitucional, uma lei, portanto, que fixasse determinadas condições para o regular exercício desse direito). Por outro lado, sendo de eficácia contida o preceito autorizador do direito de greve seria dotado de eficácia imediata, sempre dentro nos limites que a ordem jurídica atual confere ao instituto, dentro da limitação traçada pela Lei de Greve, isso tudo até que, finalmente, venha a lume uma lei específica que venha a regular diferentemente a matéria na área pública[172], conforme opinião que já era manifestada por Maurício Godinho Delgado.

Essa foi a nova interpretação adotada pelo STF quando, em outubro de 2007, novamente analisando o tema, mas agora com uma nova composição, no julgamento do MI nº 712-8[173], relatado pelo Ministro Eros Roberto Grau, houve por bem em rever sua jurisprudência passando a considerar eficaz o preceito constitucional com a aplicação, na área pública, até que se edite lei específica, do diploma normativo genérico sobre o movimento grevista, ou seja, a própria Lei de Greve. A decisão não chegou a abordou se, de fato, a eficácia era limitada ou contida, mas partiu-se do ponto de vista da omissão legislativa propriamente dita, o que não significa que, ao menos implicitamente, a Corte não se inclinou para a corrente da eficácia contida.

Assim constou da ementa do MI 712-8: "A Constituição do Brasil reconhece expressamente possam os servidores públicos civis exercer o direito de greve – artigo 37, inciso VII. A Lei n. 7.783/89 dispõe sobre o exercício do direito de greve dos trabalhadores em geral, afirmado pelo artigo 9º da Constituição do Brasil. Ato normativo de início inaplicável aos servidores públicos civis. 3. O preceito veiculado pelo artigo 37, inciso VII, da CB/88 exige a edição de ato normativo que integre sua eficá-

---

[172]DELGADO, Maurício Godinho. Op. cit. p. 1430.
[173] BRASIL. Supremo Tribunal Federal. Tribunal Pleno. Mandado de Injunção nº 712-8. Relator: Ministro Eros Roberto Grau. Brasília, 25.10.2007. Publicado em 31.10.2008.

cia. Reclama-se, para fins de plena incidência do preceito, atuação legislativa que dê concreção ao comando positivado no texto da Constituição. 4. Reconhecimento, por esta Corte, em diversas oportunidades, de omissão do Congresso Nacional no que respeita ao dever, que lhe incumbe, de dar concreção ao preceito constitucional. Precedentes. 5. Diante de mora legislativa, cumpre ao Supremo Tribunal Federal decidir no sentido de suprir omissão dessa ordem. Esta Corte não se presta, quando se trate da apreciação de mandados de injunção, a emitir decisões desnutridas de eficácia [...] 10. A regulamentação do exercício do direito de greve pelos servidores públicos há de ser peculiar, mesmo porque "serviços ou atividades essenciais" e "necessidades inadiáveis da coletividade" não se superpõem a "serviços públicos"; e vice-versa. 11. Daí porque não deve ser aplicado ao exercício do direito de greve no âmbito da Administração tão-somente o disposto na Lei n. 7.783/89. A esta Corte impõe-se traçar os parâmetros atinentes a esse exercício. 12. O que deve ser regulado, na hipótese dos autos, é a coerência entre o exercício do direito de greve pelo servidor público e as condições necessárias à coesão e interdependência social, que a prestação continuada dos serviços públicos assegura. 13. O argumento de que a Corte estaria então a legislar – o que se afiguraria inconcebível, por ferir a independência e harmonia entre os poderes [art. 2o da Constituição do Brasil] e a separação dos poderes [art. 60, § 4o, III] – é insubsistente".

A questão não é exclusiva do sistema jurídico brasileiro. Ao analisar as atuais disposições da Constituição do Peru, que também condiciona o exercício do direito de greve dos trabalhadores públicos e privados a uma lei específica, Ricardo Nugent[174] destaca que a ausência de regulamentação legal não impede que os trabalhadores públicos e privados recorram à greve, desde que o constituinte ao reconhecer esse modo de ação direta, para resolver os conflitos coletivos, a elevou à categoria de garantia constitucional, o que lhe confere um caráter preceptivo e não simplesmente programático, pois careceria de sentido que houvesse incorporado na Carta este direito fundamental dos trabalhadores, para que se quedasse suspenso até que o legislador, em observância ao mandato constitucional regulamentasse seu exercício.

---

[174] NUGENT, Ricardo. *Estudios de derecho del trabajo y de la seguridad social*. Lima: Universidad de San Martin de Porres: Fondo Editorial, 2006. p. 92.

Portanto, caso o intérprete considere que se trata de norma de eficácia limitada, de fato, fica o servidor público civil impossibilitado de fazer greve; caso considere se tratar de norma de eficácia contida, isso significa que os servidores têm, sim, direito à greve, obviamente amparada segundo as regras gerais da Lei de Greve.

Art. 17º Fica vedada a paralisação das atividades, por iniciativa do empregador, com o objetivo de frustrar negociação ou dificultar o atendimento de reivindicações dos respectivos empregados (lock-out).

Parágrafo único. A prática referida no caput assegura aos trabalhadores o direito à percepção dos salários durante o período de paralisação.

SUMÁRIO
1. "Lock-out"
2. Percepção dos salários

COMENTÁRIO

1. "Lock-out"
O "lock-out" significa a paralisação das atividades por iniciativa do empregador, com o objetivo de frustrar negociação ou dificultar o atendimento de reivindicações dos respectivos empregados.

A expressão foi importada da língua inglesa, já que não existe vocábulo apropriado, em português, que se assemelhe ao original. Em italiano, utiliza-se a expressão "serrata". Em espanhol, "cierre". Em alemão, "ausseperrung".

Indaga-se: se os empregados tem assegurado o direito à greve, o empregador também poderia fazer valer o seu "direito de greve", ou seja, o "lock-out"? Afinal, se os trabalhadores possuem o direito constitucional à greve, não seria o "lock-out" uma contrapartida em favor do empregador, ou seja, ambos o verso e reverso da mesma moeda, até mesmo por questão de isonomia e equilíbrio?

A resposta é negativa. Afinal, sua utilização é expressamente proibida pela Lei de Greve, sendo essa a mesma orientação adotada pela maioria dos países que asseguram o direito de greve. A Constituição de 1891 sequer mencionava o "lock-out", o que somente ocorreu na Constituição de 1937, que expressamente o proibia.

Na Alemanha ele é permitido. No caso alemão, é interessante notar que os doutrinadores sustentam que o Estado assume uma posição de neutralidade em relação aos conflitos coletivos de trabalho, tanto que, segundo assim defendem, a Constituição da República Federal Alemã (Lei Fundamental de Bönn)[175] não garante o "direito de greve", mas a "liberdade de greve", de modo que haveria uma paridade entre a greve e o "lock-out", ou seja, uma liberdade comum às partes antagônicas.

No Chile, a situação é bem semelhante, tanto que o Código del Trabajo criou critérios objetivos como uma contraposição à deflagração da greve. Assim, efetivada a greve o empregador poderá declarar o "lock-out" ou o "cierre" temporário da empresa, que poderá ser total ou parcial, entendendo-se por aquele fenômeno o direito do empregador, uma vez iniciada a greve, de impedir temporariamente o acesso de todos os trabalhadores à empresa, prédio ou estabelecimento (art. 375). De qualquer forma, somente poderá ser deflagrado, caso a greve afete mais de cinquenta por cento dos trabalhadores da empresa ou do estabelecimento, ou que signifique a paralisação das atividades imprescindíveis ao funcionamento da empresa, nesse último caso independentemente da porcentagem (art. 376).

É importante observar o seguinte: o que Lei de Greve pretende não é coibir o fechamento da empresa que pode ocorrer das mais variadas formas, como, por exemplo, na concessão de férias coletivas aos empregados, ou mesmo na suspensão temporária ou no cancelamento das atividades. Afinal, sendo o empregador detentor da propriedade da empresa,

---

[175] "Art. 9 [Liberdade de associação e coalizão] (1) Todos os alemães têm o direito de constituir associações e sociedades. (2) São proibidas todas as associações cujas finalidades ou cuja atividade sejam contrárias às leis penais ou estejam orientadas contra a ordem constitucional ou os ideais do entendimento entre os povos. (3) É garantido a todas as pessoas e profissões o direito de constituir associações destinadas a defender e melhorar as condições econômicas e de trabalho. Consideram-se nulos os ajustes tendentes a restringir ou a impedir esse direito, bem como ilegais as medidas com esse fim. Medidas segundo os artigos 12A, 35 §2, 35 §3, 87A §4 e artigo 91 não podem ser orientadas contra conflitos de trabalho, levados a cabo por associações no sentido da primeira frase, para a defesa e melhoria das condições econômicas e de trabalho".

também opta por assumir o risco do negócio (art. 2º, da CLT). Assim, não "se deve confundir com o *lock-out* o fechamento do estabelecimento, filial, agência ou supressão de atividade com ou sem ocorrência de força maior, bem como o fechamento da empresa em iguais circunstâncias, por isso que tais eventos ocorrem em caráter definitivo. O fim econômico ou de gestão administrativa, que inspira a medida, não permite que, nesses casos, se veja o *lock-out*. Com efeito, no caso, não há luta"[176].

O problema que pode ser constatado em relação ao "lock-out" é sua própria finalidade, que acaba culminando no fechamento da empresa e que, por conseguinte, demonstra o poder do capital frente ao trabalho, com a qual o empregador prioriza seus próprios interesses em detrimento dos empregados, compelindo-os a se submeterem à atitude que ele lhes quer impor. Diante do flagrante desequilíbrio existente entre as forças envolvidas neste embate, é conduta repudiada por nosso ordenamento jurídico. Isso sem contar que tal prática iria de encontro a dois dos mais importantes fundamentos republicanos, ou seja, o valor social do trabalho e da livre iniciativa (art. 1º, IV). Ora, uma vez que o contrato de trabalho é verdadeiro elemento da empresa[177], fica claro que, com o "lock-out", atinge-se de forma perniciosa a própria atividade empresarial e, por via de consequência, a função social a que se destina.

De modo que não pode o empregador se utilizar de tal prática para impedir o alcance das expectativas da coletividade numa negociação coletiva, nem mesmo para deixar de pagar salários nos dias parados decorrentes do fechamento. A hipótese poderia, inclusive, ser enquadrada como um abuso de direito do empregador, já que, nesse caso, o poder de direção estaria desbordando de sua função social e constitucional (art. 5º, XXIII).

Isso também não significa que o empregador esteja totalmente tolhido de lançar mão de determinados instrumentos de pressão para fazer valer sua posição (ou parte dela) numa negociação; afinal as relações de trabalho se desenvolvem num mundo em que o capital prepondera sobre o trabalho e o próprio poder diretivo autoriza que a empresa direcione suas atividades para o mais ou para o menos, inclusive se entender pela

---

[176] GOMES, Orlando; Elson, GOTTSCHALK. *Op. cit.* p. 645.
[177] MORAES FILHO, Evaristo de. *Do contrato de trabalho como elemento da empresa*. São Paulo: LTr, 1993. p. 272-278

adequação dessas medidas para melhor atender eventuais exigências monetárias exigidas pela categoria, lançando mão, por exemplo, do fechamento de filiais, redução da folha de pagamento, plano de demissão voluntária etc.

Por fim, é bom que se diga que para a caracterização do "lock-out" exige-se uma conduta dolosa do empregador, o que não se confunde com situações nas quais o empregador esteja passando por relevante dificuldade econômico-financeira e que, por tais motivos, seja inviabilizada a continuidade da atividade empresarial.

Nesse sentido, já decidiu o TRT de São Paulo que o "lock-out" compreende uma atuação dolosa do empregador no sentido de paralisar as atividades, por sua iniciativa, com o objetivo de frustrar negociação ou dificultar o atendimento de reivindicações dos respectivos empregados, tal como prevê o artigo 17 da Lei de Greve; porém, se a empresa fecha suas portas em razão de grave crise econômica e financeira, que não lhe permite dar continuidade ao empreendimento empresarial, tanto em virtude de falta de capital quanto de credibilidade junto ao mercado, *não há que se falar em ato doloso e antijurídico, mas de verdadeira extinção da empresa, afastando-se a hipótese de* "lock-out"[178].

Assim, será somente a análise das circunstâncias fáticas do caso concreto que poderá delinear a adoção, ou não, da prática repelida pela Lei de Greve.

2. Percepção dos salários

Uma vez que o "lock-out" é vedado, estabelece-se que, em sua ocorrência, estará assegurado aos trabalhadores o direito à percepção dos respectivos salários durante o período de paralisação, ou seja, não há como se reconhecer a suspensão do contrato de trabalho, tal como ocorre na deflagração da greve. Incluem-se, obviamente, não apenas o salário, mas a contagem do tempo de serviço para todos os fins, o fluxo aquisitivo do período de férias, pagamento do décimo terceiro salário, dos depósitos do FGTS, manutenção do plano de saúde e vantagens e benefícios aplicáveis à categoria, tais como cesta básica, PLR, uniformes e mesmo os descontos de contribuições instituídas por meio da negociação coletiva.

---

[178] BRASIL. Tribunal Regional do Trabalho da 2ª Região. Secretaria de Dissídios Coletivos. Dissídio Coletivo de Greve nº 0208700-64.2011.5.02.0000. Relator: Desembargador Davi Furtado Meirelles. São Paulo, 15.02.2012. Publicado em 07.03.2012.

Assim, enquanto a greve assegura a suspensão do contrato de trabalho, o "lock-out" implica na interrupção do contrato, situação em que há a "sustação provisória da principal obrigação do empregado no contexto da relação de emprego (prestação de serviços e disponibilidade ao empregador)"[179], mas que implica na manutenção das obrigações do empregador em sua plenitude, especialmente o pagamento dos salários

No caso chileno, o Código del Trabajo aponta que, tanto na greve, quanto no "lock-out", os contratos de trabalho permanecerão suspensos, ficando desobrigados os empregados de prestar serviços e o empregador de pagar os salários. Interessante previsão aponta que, nesse período de suspensão, os trabalhadores poderão prestar serviços temporários, fora da empresa, sem que isso signifique o término do contrato de trabalho com o empregador (art. 377).

Ademais, a prática do "lock-out" pode mesmo implicar no descumprimento de obrigações contratuais por parte do empregador, ante as condutas capituladas nas hipóteses de rescisão indireta do contrato de trabalho, por falta grave patronal (art. 483, CLT).

Art. 18º Ficam revogados a Lei nº 4.330, de 1º de junho de 1964, o Decreto-Lei nº 1.632, de 4 de agosto de 1978, e demais disposições em contrário.

Art. 19º Esta Lei entra em vigor na data de sua publicação.

---

[179] VILELLA, Fábio Goulart. *Manual de direito do trabalho: teoria e questões.* Rio de Janeiro: Elsevier, 2010. p. 259.

REFERÊNCIAS BIBLIOGRÁFICAS

ACKER, Francisco Thomaz Van. "Ética e justiça – Declarações de direitos e função social da propriedade". In: COIMBRA, José de Ávila Aguiar (Org.). *Fronteiras da Ética*. São Paulo: Senac, 2002.

AGUIAR, Antonio Carlos. *Negociação coletiva de trabalho*. São Paulo: Saraiva, 2011.

ARNAUD. André-Jean. *O direito entre modernidade e globalização: lições de filosofia do direito e do Estado*. Trad. Patrice Charles Wuillaume. Rio de Janeiro: Renovar, 1999.

AZEVEDO, Raquel de. *A resistência anarquista: uma questão de identidade (1927--1937)*. São Paulo: Arquivo do Estado, Imprensa Oficial, 2002.

AZUELA, Héctor Santos. "Perspectivas actuales de la huelga". *Boletín Mexicano de Derecho Comparado*. 1991. XXIV. maio/agosto. p. 522-523. Disponível em: <http://www.redalyc.org/articulo.oa?id=42707105>. Acesso em: 21 jan. 2014.

BASTOS, Celso Ribeiro; MARTINS, Ives Gandra. *Comentários à Constituição do Brasil: promulgada em 5 de outubro de 1988*. São Paulo: Saraiva, 1989.

BALMACEDA, Manuel Montt. *Principios de derecho internacional del trabajo: La OIT*. 2ª ed. Santiago: Editorial Jurídica del Chile, 1998.

BLANCK, Pinkas Flint. *Derecho laboral: casos y materiales para el estudio del derecho aplicado a la empresa*. 2ª ed. Lima: Studium, 1988.

BOBBIO, Norberto. *A Era dos direitos*. Rio de Janeiro: Campus, 1992.

BOISSONAT, Jean (Presidente da Comissão). *2015: horizontes do trabalho e do emprego*. São Paulo: LTr, 1998.

BONAVIDES, Paulo. *Ciência Política*. 10ª ed. São Paulo: Malheiros, 2001.

BOUCINHAS FILHO, Jorge Cavalcanti; BARBAS, Leandro Moreira Valente. *Migração de trabalhadores para o Brasil: aspectos teóricos e práticos*. São Paulo: Saraiva, 2013.

BOUDINEAU, Christine; LE NOUVEL, Anne; MERCAT-BRUNS, Marie; SILHOL, Bruno. *Le Droit social International et européen em pratique*. Saint Germain: Eyrolles, 2010.

CABANELLAS, Guillermo; RUSSOMANO, Mozart Victor. *Conflitos coletivos de trabalho*. Trad. Carmem Dolores Russomano Galvão e Juraci Galvão Jr. São Paulo: Revista dos Tribunais, 1979.

CAMERLYNCK, G. H.; LYON-CAEN, Gérard. *Derecho del trabajo*. 5ª ed. Madrid: Aguilar, 1974.

CAMPILONGO, Celso Fernandes. *Interpretação do direito e movimentos sociais: hermenêutica do sistema jurídico e da sociedade*. Rio de Janeiro: Elsevier, 2012.

CANOTILHO. José Joaquim Gomes; MOREIRA, Vital. *Constituição da República Portuguesa anotada*. Vol. 1. 1ª ed. São Paulo: RT, 2007.

CAPPELLETTI, Mauro; GARTH, Bryant. *Acesso à justiça*. Trad. Ellen Gracie Northfleet. Porto Alegre: Sergio Antonio Fabris, 1988.

CARRION, Valentin. *Comentários à consolidação das leis do trabalho*. 33ª ed. São Paulo: Saraiva, 2008.

CASTORENA, José de Jesus. *Manual de derecho obrero*. México: ed. do autor, 1984.

CATHARINO, José Martins. *Compêndio de direito do trabalho*. 2ª ed. São Paulo: Saraiva, 1981.

CESARINO JR. Antônio Ferreira. *Direito social brasileiro*. 5ª ed. Vol. I. São Paulo, 1963.

CICCONETTI. Stefano Maria. Os direitos sociais na jurisprudência constitucional italiana. In. *Direitos fundamentais & Justiça*. Porto Alegre: HS, 2008.

CHESNAIS, François. "A globalização do capital e as causas das ameaças da barbárie". In PERRAULT, Gilles (Organização). *O livro negro do capitalismo*. Trad. Ana Maria Duarte... [et. al.]. Rio de Janeiro: Record, 1999.

CONCI, Luiz Guilherme Arcaro. Colisões de direitos fundamentais nas relações jurídicas travadas entre particulares e a regra da proporcionalidade: potencialidades e limites da sua utilização a partir da análise de dois casos. *Revista Diálogo Jurídico*. Salvador, n. 17, 2008. Disponível em: <http://www.direitopublico.com.br/novo_site/revistas/12192906/colisoes_de_direitos_fundamentais_-_guilherme_conci.pdf>.

COOK, Maria Lorena. *The politics of labor reform in Latin America: between flexibility and rights*. Pennsylvania: The Pennsylvania State University Press, 2007.

COSTA, Marcus Vinícius Americano da. *Grupo empresário no direito do trabalho*. 2ª ed. São Paulo: LTr, 2000.

CUEVA, Mario de la. *Nuevo derecho mexicano del trabajo*. Tomo II. México: Porrúa, 1989.

_____, Mário de La. *Derecho mexicano del trabajo*. Vol. I. México: Editorial Porrúa, 1949.

DANNEMANN, Fernando Kitzinger. *1917: greves operárias*. São Paulo. 2013. Disponível em: <http://www.efecade.com.br/1917-greves-operarias>. Acesso em: 23 jan. 2014

DEJOURS. Christophe. *A banalização da injustiça social*. Trad. Luiz Alberto Monjardim. 7ª ed. Rio de Janeiro: FGV, 2007.

DELGADO, Maurício Godinho. *Curso de direito do trabalho*. 7ª cd. São Paulo: LTr, 2008.

DOSTOIÉVSKI, Fiódor. *Memórias do subsolo.* Trad. Boris Schnaiderman. 3ª ed. São Paulo: Editora34, 2000.

DUARTE NETO, Bento Herculano. *Direito de greve: aspectos genéricos e legislação brasileira.* São Paulo: LTr, 1993.

DURANT, Will. *As ideias e mentes mais brilhantes de todos os tempos.* Trad. Cordelia Magalhães, São Paulo: Arx, 2004.

DUROZOI, Gérard; ROUSSEL, André. *Dicionário de filosofia.* Trad. Marina Appenzeller. 5ª ed. Campinas: Papirus, 2005.

GALVÃO, Fernando. *Direito penal: parte geral.* 2ª ed. Belo Horizonte: Del Rey, 2007.

FERNANDES, António Monteiro. *Direito do trabalho.* 14ª ed. Coimbra: Almedina, 2009.

_____, António Monteiro. *A lei e as greves: comentários a dezasseis artigos do Código do Trabalho* (e-book). Coimbra: Almedina, 2013.

FRANCO FILHO, Georgenor de Souza. *A arbitragem e os conflitos coletivos de trabalho no Brasil.* São Paulo: LTr, 1990.

GALANTINO, Luisa. "A greve e a abstenção coletiva de trabalho no âmbito dos serviços públicos essenciais". In FREDIANI, Yone; ZAINAGHI, Domingos Sávio. *Relações de Direito Coletivo Brasil-Itália.* São Paulo: LTr, 2004.

GALUPPO, Marcelo Campos. "Hermenêutica Constitucional e Pluralismo". In: SAMPAIO, José Adércio Leite; CRUZ, Álvaro Ricardo de Souza e (Coord.) *Hermenêutica e Jurisdição Constitucional: Estudos em homenagem ao professor José Alfredo de Oliveira Baracho.* Belo Horizonte: Del Rey, 2001.

GIUGNI, Gino. *Direito sindical.* Trad. Lúcia Itioka. São Paulo: LTr, 1991.

GOFFMAN, Ken; JOY, Dan. *Contracultura através dos tempos: do mito de Prometeu à cultura digital.* Trad. Alexandre Martins. Rio de Janeiro: Ediouro, 2007.

Gomes, Orlando. *Contratos,* 17ª ed. Rio de Janeiro: Forense, 1997.

_____, Orlando. *A convenção coletiva de trabalho.* São Paulo: LTr, 1995.

_____, Orlando; GOTTSCHALK, Elson. *Curso de direito do trabalho.* 18ª ed. Rio de Janeiro: Forense, 2007.

GORENDER, Jacob. *Direitos humanos: o que são (ou o que devem ser).* São Paulo: Senac, 2004.

GROPPALI, Alexandre. *Doutrina do estado.* Trad. Paulo Edmur de Souza Queiroz. 2ª ed. São Paulo: Saraiva, 1968.

HESSE, Konrad. *Temas fundamentais do direito constitucional.* Textos selecionados e traduzidos por Carlos dos Santos Almeida, Gilmar Ferreira Mendes e Inocêncio Mártires Coelho. São Paulo: Saraiva, 2009.

HOBSBAWN, Eric. *Era dos extremos: o breve século XX: 1914-1991.* Trad. Marcos Santarrita. São Paulo: Companhia das Letras, 1995.

HODGES-AEBERHARD, Jane; ODERO DE RIOS, Alberto. *Princípios do Comitê de Liberdade Sindical referentes a greves.* Brasília: Organização Internacional do Trabalho, 1993.

HUBERMAN, Leo. *História da riqueza do homem.* Trad. Waltensir Dutra. 8ª ed. Rio de Janeiro: Zahar, 1972.

HUME, David. *Tratado da natureza humana.* Trad. Débora Danowski. 2ª ed. São Paulo: UNESP, 2009.

IBARRECHE. Daniel Sastre. *El derecho al trabajo*. Madrid: Trotta, 1996.

IGELMO, Alberto José Carro. *Curso de derecho del trabalho*. 2ª ed. Barcelona: Bosch, 1991.

JABUR, Gilberto Haddad. *Liberdade de pensamento e direito à vida privada: conflitos entre direitos da personalidade*. São Paulo: RT, 2000.

Jeveaux, Geovany; CRUZ, Marcos Pinto da; AREOSA, Ricardo. *Manual do direito individual do trabalho*. Rio de Janeiro: Forense, 2002.

JORGE NETO, Francisco Ferreira; CAVALCANTE, Jouberto de Quadros Pessoa. *Direito do trabalho*. Tomo II. 3ª ed. Rio de Janeiro: Lumen Juris, 2005.

LEITE, Carlos Henrique Bezerra. *Curso de direito processual do trabalho*. 6ª ed. São Paulo: LTr, 2008.

LEMBO, Cláudio. *A pessoa: seus direitos*. Barueri: Manole, 2007.

LOPES, Miguel Maria de Serpa. *Curso de direito civil*. Vol. III. 4ª ed. Rio de Janeiro: Freitas Bastos.

LOZANO, Néstor de Buen. *Razón de estado y justicia social*. México. D.F. 1991.

LUNA, Everardo da Cunha. *Abuso de direito*. Rio de Janeiro: Forense, 1959.

MAGANO, Octávio Bueno. *Manual de direito do trabalho: direito individual do trabalho*. Vol. II. 3ª ed. São Paulo: LTr, 1992.

_____, Octávio Bueno, MALLET, Estevão. *O direito do trabalho na Constituição*. 2ª ed. Rio de Janeiro: Forense, 1993.

MAGNOLI, Demétrio. *Globalização: estado nacional e espaço mundial*. 5ª ed. São Paulo: Moderna, 1997.

MARANHÃO, Délio; CARVALHO, Luiz Inácio Barbosa. *Direito do trabalho*. 17ª ed. Rio de Janeiro: Fundação Getúlio Vagas, 1993.

MARTINS, Sergio Pinto. *Direito do trabalho*. 20ª ed. São Paulo: Atlas, 2004.

MARX, Karl; ENGELS, Friedrich. *A ideologia alemã*. Trad. Luis Claudio de Castro e Costa. São Paulo: Martins Fontes, 1998.

MEIRELLES, Edilton. *Competência e procedimento na justiça do trabalho: primeiras linhas da reforma do Judiciário*. São Paulo: LTr, 2005.

MEIRELLES, Hely Lopes. *Direito administrativo brasileiro*. 30ª ed. São Paulo: Malheiros, 2005.

MELGAR, Alfredo Montoya. *Derecho del trabajo*. 14ª ed. Madri: Tecnos, 1993.

MERÍSIO, Patrick Maia. *Direito coletivo do trabalho*. Rio de Janeiro: Elsevier, 2011.

MINHARRO. Francisco Luciano. *Cargos de confiança e empregados exercentes de altas funções*. São Paulo: Ícone, 2005.

MIRANDA, Jorge. *Escritos Vários sobre Direitos Fundamentais*. Estoril: Princípia, 2006.

MORAES FILHO, Evaristo de. *Do contrato de trabalho como elemento da empresa*. São Paulo: LTr, 1993.

NAHAS, Thereza Christina. *Legitimidade ativa dos sindicatos: defesa dos direitos e interesses individuais homogêneos no processo do trabalho, processo de conhecimento*. São Paulo: Atlas, 2001.

NASCIMENTO, Amauri Mascaro. *Compêndio de Direito Sindical*. 2ª ed. São Paulo: LTr, 2000.

_____. *Curso de direito do trabalho: história e teoria geral do direito do traba-*

REFERÊNCIAS BIBLIOGRÁFICAS

lho: *relações individuais e coletivas do trabalho*. 23ª ed. São Paulo: Saraiva: 2008.

_____. *Comentários à lei de greve*. São Paulo: LTr, 1989.

NIETZSCHE. Friedrich Whilhelm. *Genealogia da moral: uma polêmica*. Trad. Paulo César de Souza. São Paulo: Companhia das Letras, 2009.

NUGENT, Ricardo. *Estudios de derecho del trabajo y de la seguridad social*. Lima: Universidad de San Martin de Porres: Fondo Editorial, 2006.

ORTEGA Y GASSET, José. *A rebelião das massas*. Trad. Marylene Pinto Michael. 2ª ed. São Paulo: Martins Fontes, 2002.

PALACIOS, Juan Alberto; MARENGO, Jesús R. *Reglamentación del derecho del huelga: antecedentes y comentarios*. Buenos Aires: Valetta, 1991.

PICARELLI, Márcia Flávia Santini. *A Convenção Coletiva de Trabalho*. São Paulo: LTr, 1986.

POGIBIN, Guilherme Gibran. *Memórias de metalúrgicos grevistas do ABC paulista*. (Dissertação de mestrado). São Paulo: Instituto de Psicologia da Universidade de São Paulo, 2009.

PRADO, Roberto Barreto. *Tratado de direito do trabalho*. Vol. II. São Paulo: LTr, 1967.

RIVAS, José María. *Ley de arbitraje obligatorio*. Buenos Aires: Zavalía, 1966.

RIVERO, Jean; SAVATIER, Jean. *Droit du travail*. Paris: Presses Universitaires de France, 1956.

RODRIGUEZ, Américo Plá. *Princípios de direito do trabalho*. Trad. Wagner D. Giglio. 3ª ed. São Paulo: LTr, 2000.

ROSSLER, João Henrique. *Sedução e alienação no discurso construtivista*. Campinas: Autores Associados, 2006.

RUPRECHT, Alfredo J. *Conflitos coletivos de trabalho*. Trad. José Luiz Ferreira Prunes. São Paulo: LTr, 1979.

RUSSOMANO, Mozart Victor. *Curso de direito do trabalho*. Rio de Janeiro: José Konfino, 1972.

SALGADO, Joaquim Carlos. *A ideia de justiça no mundo contemporâneo: fundamentação e aplicação do direito como 'maximum' ético*. Belo Horizonte: Del Rey, 2007.

SARLET, Ingo Wolfgang. *Dignidade da pessoa humana e direitos fundamentais na Constituição Federal de 1988*. 9ª ed. Porto Alegre: Livraria do advogado. 2011.

_____, Ingo Wolfgang. *A eficácia dos direitos fundamentais*. Porto Alegre: Livraria do Advogado, 2005.

SILVA, Homero Batista Mateus da. *Direito coletivo do trabalho*. Vol. 7. 2ª ed. São Paulo: Elsevier, 2011.

SILVA, José Afonso da. *Aplicabilidade das normas constitucionais*. 6ª ed. São Paulo: Malheiros, 2004.

_____, José Afonso da. *Curso de direito constitucional positivo*. 20ª ed. São Paulo: Malheiros, 2001.

SILVA, Virgílio Afonso da. *A constitucionalização do direito*. São Paulo: Malheiros, 2005.

SILVER, Beverly J. *Forças do trabalho: movimentos de trabalhadores e globalização desde 1870*. Trad. Fabrizio Rigout. São Paulo: Boitempo, 2005.

SOUZA, Otávio Augusto Reis de. *Direito coletivo do trabalho*. 4ª ed. Curitiba: IESDE, 2011.

STONE, Katherine; ARTHURS, Harry. *Rethinking workplace regulation: beyond the standard contract of employment.* New York: Russel Sage Foundation, 2013.

SÜSSEKIND, Arnaldo. *Convenções da OIT.* 2ª ed. São Paulo: LTr, 1998.

_____, Arnaldo; MARANHÃO, Délio; VIANNA, Segadas. *Instituições de direito do trabalho.* Vol. II. 13ª ed. São Paulo: LTr, 1993.

TEIXEIRA, João Régis Fassbender. *Direito do trabalho.* São Paulo: Sugestões Literárias, 1968.

TOLEDO, Edilene; BIONDI, Luigi. "Constructing syndicalism and anarchism globally: the transnational making of the syndicalist movement in São Paulo, Brasil, 1895-1935". In HIRSCH, Steven; WALT, Lucien, Van Der (Editors). *Anarchism and syndicalism in the colonial and postcolonial world, 1870--1940: the práxis os national liberation, internationalism, and social revolution.* Leiden: Brill, 2010.

TUZZO, Simone Antoniaci. *Deslumbramento coletivo: opinião pública, mídia e universidade.* São Paulo: Annablume, 2005.

VALTICOS, Nicolas. *Derecho internacional del trabajo.* Madrid: Tecnos, 1977.

VILELLA, Fábio Goulart. *Manual de direito do trabalho: teoria e questões.* Rio de Janeiro: Elsevier, 2010.

APÊNDICE

LEI Nº 7.783, DE 28 DE JUNHO DE 1989

Dispõe sobre o exercício do direito de greve, define as atividades essenciais, regula o atendimento das necessidades inadiáveis da comunidade, e dá outras providências.

O PRESIDENTE DA REPÚBLICA, faço saber que o Congresso Nacional decreta e eu sanciono a seguinte Lei:

Art. 1º É assegurado o direito de greve, competindo aos trabalhadores decidir sobre a oportunidade de exercê-lo e sobre os interesses que devam por meio dele defender.

Parágrafo único. O direito de greve será exercido na forma estabelecida nesta Lei.

Art. 2º Para os fins desta Lei, considera-se legítimo exercício do direito de greve a suspensão coletiva, temporária e pacífica, total ou parcial, de prestação pessoal de serviços a empregador.

Art. 3º Frustrada a negociação ou verificada a impossibilidade de recursos via arbitral, é facultada a cessação coletiva do trabalho.

Parágrafo único. A entidade patronal correspondente ou os empregadores diretamente interessados serão notificados, com antecedência mínima de 48 (quarenta e oito) horas, da paralisação.

Art. 4º Caberá à entidade sindical correspondente convocar, na forma do seu estatuto, assembléia geral que definirá as reivindicações da categoria e deliberará sobre a paralisação coletiva da prestação de serviços.

§1º O estatuto da entidade sindical deverá prever as formalidades de convocação e o quorum para a deliberação, tanto da deflagração quanto da cessação da greve.

§2º Na falta de entidade sindical, a assembléia geral dos trabalhadores interessados deliberará para os fins previstos no «caput», constituindo comissão de negociação.

Art. 5º A entidade sindical ou comissão especialmente eleita representará os interesses dos trabalhadores nas negociações ou na Justiça do Trabalho.

Art. 6º São assegurados aos grevistas, dentre outros direitos:

I – o emprego de meios pacíficos tendentes a persuadir ou aliciar os trabalhadores a aderirem à greve;

II – a arrecadação de fundos e a livre divulgação do movimento.

§1º Em nenhuma hipótese, os meios adotados por empregados e empregadores poderão violar ou constranger os direitos e garantias fundamentais de outrem.

§2º É vedado às empresas adotar meios para constranger o empregado ao comparecimento ao trabalho, bem como capazes de frustrar a divulgação do movimento.

§3º As manifestações e atos de persuasão utilizados pelos grevistas não poderão impedir o acesso ao trabalho nem causar ameaça ou dano à propriedade ou pessoa.

Art. 7º Observadas as condições previstas nesta Lei, a participação em greve suspende o contrato de trabalho, devendo as relações obrigacionais, durante o período, ser regidas pelo acordo, convenção, laudo arbitral ou decisão da Justiça do Trabalho.

Parágrafo único. É vedada a rescisão de contrato de trabalho durante a greve, bem como a contratação de trabalhadores substitutos, exceto na ocorrência das hipóteses previstas nos arts. 9º e 14.

Art. 8º A Justiça do Trabalho, por iniciativa de qualquer das partes ou do Ministério Público do Trabalho, decidirá sobre a procedência, total ou parcial, ou improcedência das reivindicações, cumprindo ao Tribunal publicar, de imediato, o competente acórdão.

Art. 9º Durante a greve, o sindicato ou a comissão de negociação, mediante acordo com a entidade patronal ou diretamente com o empregador, manterá em atividade equipes de empregados com o propósito de assegurar os serviços cuja paralisação resultem em prejuízo irreparável, pela deterioração irreversível de bens, máquinas e equipamentos, bem como a manutenção daqueles essenciais à retomada das atividades da empresa quando da cessação do movimento.

Parágrafo único. Não havendo acordo, é assegurado ao empregador, enquanto perdurar a greve, o direito de contratar diretamente os serviços necessários a que se refere este artigo.

Art. 10. São considerados serviços ou atividades essenciais:

I – tratamento e abastecimento de água; produção e distribuição de energia elétrica, gás e combustíveis;

II – assistência médica e hospitalar;

III – distribuição e comercialização de medicamentos e alimentos;

IV – funerários;

V – transporte coletivo;
VI – captação e tratamento de esgoto e lixo;
VII – telecomunicações;
VIII – guarda, uso e controle de substâncias radioativas, equipamentos e materiais nucleares;
IX – processamento de dados ligados a serviços essenciais;
X – controle de tráfego aéreo;
XI – compensação bancária.

Art. 11. Nos serviços ou atividades essenciais, os sindicatos, os empregadores e os trabalhadores ficam obrigados, de comum acordo, a garantir, durante a greve, a prestação dos serviços indispensáveis ao atendimento das necessidades inadiáveis da comunidade.

Parágrafo único. São necessidades inadiáveis, da comunidade aquelas que, não atendidas, coloquem em perigo iminente a sobrevivência, a saúde ou a segurança da população.

Art. 12. No caso de inobservância do disposto no artigo anterior, o Poder Público assegurará a prestação dos serviços indispensáveis.

Art. 13. Na greve, em serviços ou atividades essenciais, ficam as entidades sindicais ou os trabalhadores, conforme o caso, obrigados a comunicar a decisão aos empregadores e aos usuários com antecedência mínima de 72 (setenta e duas) horas da paralisação.

Art. 14. Constitui abuso do direito de greve a inobservância das normas contidas na presente Lei, bem como a manutenção da paralisação após a celebração de acordo, convenção ou decisão da Justiça do Trabalho.

Parágrafo único. Na vigência de acordo, convenção ou sentença normativa não constitui abuso do exercício do direito de greve a paralisação que:

I – tenha por objetivo exigir o cumprimento de cláusula ou condição;
II – seja motivada pela superveniência de fatos novo ou acontecimento imprevisto que modifique substancialmente a relação de trabalho.

Art. 15. A responsabilidade pelos atos praticados, ilícitos ou crimes cometidos, no curso da greve, será apurada, conforme o caso, segundo a legislação trabalhista, civil ou penal.

Parágrafo único. Deverá o Ministério Público, de ofício, requisitar a abertura do competente inquérito e oferecer denúncia quando houver indício da prática de delito.

Art. 16. Para os fins previstos no art. 37, inciso VII, da Constituição, lei complementar definirá os termos e os limites em que o direito de greve poderá ser exercido.

Art. 17. Fica vedada a paralisação das atividades, por iniciativa do empregador, com o objetivo de frustrar negociação ou dificultar o atendimento de reivindicações dos respectivos empregados (lockout).

Parágrafo único. A prática referida no caput assegura aos trabalhadores o direito à percepção dos salários durante o período de paralisação.

Art. 18. Ficam revogados a Lei nº 4.330, de 1º de junho de 1964, o Decreto-Lei nº 1.632, de 4 de agosto de 1978, e demais disposições em contrário.

Art. 19. Esta Lei entra em vigor na data de sua publicação.

Brasília, 28 de junho de 1989; 168º da Independência e 101º da República.

José Sarney
Oscar Dias Corrêa
Dorothea Werneck

ÍNDICE

APRESENTAÇÃO	7
PREFÁCIO	11
INTRODUÇÃO	17
LEI Nº 7.783, DE 28 DE JUNHO DE 1989	21
A Greve	21
Antecedentes Históricos	22
A Greve no Brasil	30
Plano Internacional	37
Conflitos de Trabalho	43
Natureza Jurídica	46
A Greve como Direito Fundamental	50
Conceito	51
Oportunidade do Exercício	53
Interesses a defender	54
Titularidade do Direito	61
Cargos e Funções de Confiança	61
Exercício do Direito	64
Aspecto Coletivo da Greve	65
Aspecto Temporário da Greve	68
Tipos de Greve	69
O que não é Greve?	70
Aspecto Subjetivo da Greve	74
Grupo Econômico Trabalhista	75
Negociação Coletiva	79
Convenção Coletiva de Trabalho	84
Via Arbitral	85

Pré-Aviso da Greve	89
Exceção do contrato não cumprido	91
Comunicação aos Usuários	92
Deliberação da Greve	94
Convocação e Quórum	96
Comissão de Negociação	100
Representação dos Trabalhadores: Categoria	103
Categoria Profissional Diferenciada	105
Garantias aos Grevistas	108
Emprego de Meios Pacíficos e livre divulgação	108
Arrecadação de Fundos	110
Garantia dos Direitos Fundamentais	111
Vedação às práticas que forcem o comparecimento	112
Persuasão e Convencimento	113
Efeitos da Greve	116
Relações Obrigacionais do Período	119
Proibição de Dispensa e Substituição	121
Dissídio Coletivo de Greve	122
Exigência do Comum Acordo	124
Competência da Justiça do Trabalho	126
Funcionamento das Atividades da Empresa	127
Serviços ou Atividades Essenciais	130
Indispensabilidade dos Serviços	136
Prestação dos Serviços pelo Poder Público	139
Abuso de Direito	143
Responsabilidade pelos atos praticados	148
Competência Penal da Justiça do Trabalho	150
Greve no Serviço Público	153
Nova Posição do Supremo Tribunal Federal	156
"Lock-out"	160
Percepção dos Salários	163
REFERÊNCIAS BIBLIOGRÁFICAS	165
APÊNDICE	171